वंदे मातरम्

एक गीत की जीवनी

वंदे मातरम्
एक गीत की जीवनी

सव्यसाची भट्टाचार्य

अनुवादक
चंदन श्रीवास्तव

राजकमल प्रकाशन

ISBN : 978-81-267-1437-7

मूल्य : ₹ 495

पहला संस्करण : 2008
चौथा संस्करण : 2023

प्रकाशक : राजकमल प्रकाशन प्रा.लि.
1-बी, नेताजी सुभाष मार्ग, दरियागंज
नई दिल्ली-110 002
शाखाएँ : अशोक राजपथ, साइंस कॉलेज के सामने, पटना-800 006
पहली मंज़िल, दरबारी बिल्डिंग, महात्मा गांधी मार्ग, प्रयागराज-211 001
वेबसाइट : www.rajkamalprakashan.com
ई-मेल : info@rajkamalprakashan.com

मुद्रक : बी.के. ऑफसेट
नवीन शाहदरा, दिल्ली-110 032

VANDE MATARAM
by Sabyasachi Bhattacharya
Translated by Chandan Srivastav

अपने पौत्र
अनिर्बान और अयन के लिए
जो
अब से कुछ साल बाद
इसे पढ़ सकेंगे

संक्षिप्तियों की सूची

ए.आई.सी.सी. फाइल्स : आल इंडिया कांग्रेस कमिटी फाइल्स, नेहरू मेमोरियल म्यूजियम एंड लाइब्रेरी, नई दिल्ली।

बी.बार. : बंकिम रचनावली, भाग-I, II (सं.—जे.सी. बागल, कलकत्ता, 1959)।

सी.डब्ल्यू.एम.जी. : कलेक्टेड वर्क्स ऑव महात्मा गांधी (पब्लिकेशन डिवीजन, जीओआई, नई दिल्ली)।

होम पॉल : होम डिपार्टमेंट, पोलिटिकल ब्रांच, गवर्नमेंट ऑव इडिया, नेशनल, अर्काइव्स ऑफ इंडिया।

एन.ए.आई. : नेशनल अर्काइव्स ऑफ इंडिया, नई दिल्ली।

एन.एम.एम.एल. : नेहरू मेमोरियल म्यूजियम एंड लाइब्रेरी, नई दिल्ली (निजी दस्तावेजों के संग्रहों के संदर्भ दिए गए हैं)।

पी.पी. डाक्युमेंट्स : द पेराडॉक्सेज ऑव पार्टीशन; कलेक्शन ऑव डाक्युमेंट्स (सं.–एस.ए.आई. तिरमिज़ी, नई दिल्ली, 1998)।

आर.आर. : रवीन्द्र रचनावली, भाग–1-26 (विश्वभारती, कलकत्ता, 1986)।

टी.बी. डाक्युमेंट्स : टेरिरिज़्म इन बंगाल : ए कलेक्शन ऑव डाक्युमेंट्स ऑव टेरिरिस्ट एक्टिविटीज़, 1905-1939 भाग 1-6 (सं.–ए.के. सामंत, गवर्नमेंट ऑव वेस्ट बंगाल, कलकत्ता, 1995)।

प्रस्तावना

1994 में इस पुस्तक ने आकार लेना आरंभ किया था। उस वक्त बंकिम चंद्र चटर्जी की सौवीं पुण्यतिथि मनाने के लिए देशभर में अनेक सम्मेलन आयोजित किये गये। उनमें से कुछ बंगाल में हुए और चूँकि उस समय मैं विश्वभारती, शांतिनिकेतन में कार्यरत था इसलिए मैंने भी उनमें भाग लिया। सालों से मैं इस विषय पर नोट्स तैयार कर रहा था और नई दिल्ली स्थित साहित्य अकादमी में जब मैंने बंकिम चंद्र शताब्दी भाषण दिया तो इस नोट्स ने एक आकार ग्रहण कर लिया। इसमें 'वंदे मातरम्' गीत ने केंद्रीय विषयवस्तु का रूप ले लिया क्योंकि इस गीत का राजनीतिक हितसाधन के लिए इस्तेमाल अथवा इन्हीं अर्थों में इस सांस्कृतिक कला तथ्य का अस्वीकार आज के वक्त की राजनीतिक चर्चाओं में एक अहम मामला रहा है।

जवाहरलाल नेहरू विश्वविद्यालय के ऐतिहासिक अध्ययन केंद्र में अपनी वापसी के बाद सहकर्मियों के साथ हुई चर्चाओं ने इस पुस्तक को तैयार करने में बहुत सहायता की। डॉ. वाई. चिन्नाराव ने दक्षिण भारत संबंधी सूचनाएँ और पुस्तक के अंत में 'व्यक्तित्व संबंधी टिप्पणियों' की जानकारी एकत्र करने में मेरी सहायता की। मैंने सोचा, ऐसी टिप्पणियाँ उन पाठकों के लिए लाभप्रद हो सकती हैं जो ऐतिहासिक पृष्ठभूमि से परिचित नहीं हैं। मैं पेंगुइन बुक्स, भारत के शांतनु राय चौधरी को अत्यंत कुशल कॉपी-एडिटिंग के लिए धन्यवाद देना चाहता हूँ। और सबसे बड़ी बात, सहधर्मिणी मालविका का इस काम से जुड़ाव और उनका धीरज इस पुस्तक को लिखने में एक बार फिर मेरा संबल साबित हुए।

भूमिका

कहते हैं कि कुछ रचनाएँ पुस्तक के पन्नों में ही सिमटी रह जाती हैं लेकिन कुछ रचनाएँ पुस्तक के पन्नों से बाहर आती हैं और हमारे जीवन में पैठ जाती हैं। 'वंदे मातरम्' गीत लंबे समय से ऐसी ही अनूठी रचना रही है। एक तरफ इस गीत को लोकमानस में राष्ट्रीय गीत के रूप में प्रसिद्धि मिली तो दूसरी तरफ इसके बिम्ब-विधान, व्यंजना और बुतपरस्ती के आधार पर उठे आक्षेपों ने विवाद का घमासान ही तैयार कर दिया। यह गीत सन् 1870 के दशक के शुरुआती सालों में किसी वक्त मूलतः वंदना-गीत अथवा स्तुति के रूप में रचा गया और अगले कुछ वर्षों तक अप्रकाशित रहा। सन् 1881 में इसे 'आनंदमठ' नामक उपन्यास में शामिल किया गया। उपन्यास के कथा-संदर्भ के भीतर इस गीत के विस्तृत रूपाकार ने हिंदू-युद्धघोष का स्वर धारण कर लिया। और इस तरह, बंकिमचंद्र चटर्जी ने 'मातृभूमि' नाम की एक नयी प्रतिमा ही गढ़ दी।

सन् 1905 के बंगाल के स्वदेशी आंदोलन ने 'वंदे मातरम्' को राजनीतिक नारे में तब्दील कर दिया। राष्ट्रवादी विरोध-प्रदर्शन की अगुआई करते हुए रवीन्द्रनाथ टैगोर ने इसे गाया और अरविंद घोष ने बंकिम को राष्ट्रवाद का 'ऋषि' कहकर पुकारा। सन् 1920 तक, सुब्रह्मण्यम् भारती तथा दूसरों के हाथों विभिन्न भारतीय भाषाओं में अनूदित होकर यह गीत 'राष्ट्रगान' की हैसियत पा चुका था। बहरहाल, सन् 1930 के दशक में 'वंदे मातरम्' की इस हैसियत पर विवाद उठा और लोग इस गीत की मूर्तिपूजकता को लेकर आपत्ति उठाने लगे। एम. ए. जिन्ना इस गीत के सबसे उग्र आलोचकों में एक

थे। जवाहरलाल नेहरू के नेतृत्व में गठित एक समिति की सलाह पर भारतीय राष्ट्रीय कांग्रेस ने सन् 1937 में इस गीत के उन अंशों को छाँट दिया जिनमें बुतपरस्ती के भाव ज्यादा प्रबल थे और गीत के संपादित अंश को राष्ट्रगान के रूप में अपना लिया। संविधान-सभा ने राजेंद्र प्रसाद के कहने पर गीत के इसी रूप को 'जन-गण-मन' के साथ राष्ट्रीय गीत के रूप में अपनाया और राष्ट्रगान का दर्जा दिया। सन् 1930 और 1940 के समूचे दशक में मुस्लिम लीग इस गीत के विरोध पर अड़ी रही और ठीक इसी अनुपात में हिंदू सांप्रदायिक ताकतों ने गीत की तरफदारी की। सन् 1947 से, कुछ भारतीयों की नजर में 'वंदे मातरम्' सांप्रदायिक युद्धनाद बन चुका था तो कुछ दूसरों का मानना था कि यह राष्ट्रीय संस्कृति का जायज प्रतीक है। इस तरह गीत की हैसियत पर टकराव की शुरुआत हो गई।

इस प्रकार, 'वंदे मातरम्' गीत के सियासी इस्तेमाल ने इसके अर्थ को बार-बार बदला। गीत एक सांस्कृतिक कला-तथ्य है। इसके ऊपर आरोपित विभिन्न अर्थों की तह से कई मुद्दे उभरते हैं, मसलन–राष्ट्रीय अथवा सांप्रदायिक पहचान को गढ़ने के क्रम में साहित्य के एक अंश का इस्तेमाल औजार की तरह करना; अलग-अलग समय में अलग-अलग अर्थों का आरोपण और फिर एक ही कला-तथ्य का अलग-अलग पीढ़ियों के लिए अर्थ का भिन्न-भिन्न होना। उदाहरण के लिए, 'वंदे मातरम्' का जो अर्थ अरविंद की पीढ़ी ने ग्रहण किया, वही अर्थ जवाहर लाल नेहरू, एम. ए. जिन्ना अथवा वी. डी. सावरकर की पीढ़ी ने नहीं किया। किसी रचनाकार की रचनाधर्मी स्वायत्तता के राजनीतिक इस्तेमाल की संभावना बराबर बनी रहती है और इसमें राजनेताओं की खास भूमिका होती है–यह शायद सबसे ज्यादा गौरतलब मुद्दा है। बंकिमचंद्र के बहुत बाद एक और रचनाकार को इस सवाल का सामना करना पड़ा और इस रचनाकार का नाम था रवीन्द्रनाथ टैगोर। रवीन्द्रनाथ टैगोर का उत्तर था कि बौद्धिक आजादी और लेखकीय स्वायत्तता का उल्लंघन होता हो तो इसका ज़बर्दस्त विरोध किया जाना चाहिए। अपने एक प्रसिद्ध

निबंध 'द कॉल ऑव ट्रूथ' (सत्य की पुकार) में उन्होंने बड़े धारदार शब्दों में किसी की 'जोर-जबर्दस्ती के आगे बुद्धि की मर्यादा को तिलांजलि' देने से इंकार करने के महत्त्व को रेखांकित किया है। उनका तर्क है कि भारत जब तक यह नहीं जान लेता कि 'उसकी बुनियाद उसका मन है जो अपनी बहुविध शक्तियों और इन शक्तियों पर विश्वास करके हर समय अपने लिए स्वराज रचता है', तब तक सच्ची आजादी हासिल नहीं कर सकता। बंकिम ने कभी इस सवाल का सामना नहीं किया क्योंकि जो गीत उन्होंने रचा था उस पर राजनीतिक विवाद उनकी मृत्यु के बहुत बाद पैदा हुआ।

मैंने इस कथा को सिंहावलोकी यानी एक-एक करके पीछे दूर तक देखने के अंदाज में लिखा है। प्राचीन संस्कृत-परंपरा में (जैसे, कथासरित्सागर में) कथाएँ श्रृंखलाबद्ध होती थीं। इसमें एक कथा दूसरी कथा के द्वार तक ले आती है और इस तरह कथाओं की एक कड़ी तैयार हो जाती है। ऐसा करने का एक कारण तो उस पाठक की रुचि को संतुष्ट करना है जिसकी दिलचस्पी 'अब' और 'यहाँ' में है। जब आप पूछते हैं कि स्थिति अब यहाँ तक कैसे आ पहुँची तो अतीत अपने पन्ने खोलता है। इस तरह, हम इतिहास की पड़ताल ऐसे नहीं कर सकते मानो वह पहले से सजे-सजाये तथ्यों का पुलिंदा हो। हम इतिहास की पड़ताल वर्तमान की दहलीज पर खड़े होकर करते हैं। यह वर्तमान खुद भी गुजरे हुए वक्त की एक छाया होता है। ऐसे में अतीत के विभिन्न परिप्रेक्ष्य और बहुविध स्मृतियों को देखने के दरवाजे खुलने लगते हैं। यह कथा आपको एक-एक कदम बढ़ाते हुए आज से 130 साल पहले के समय में ले जाएगी—जब यह गीत रचा गया। निकट अतीत में इस गीत को लेकर हुए सांप्रदायिक तेवर वाले संघर्षों को बयान करते हुए हम इस कहानी की शुरुआत (अध्याय-1) करेंगे। इसके बाद हम पहुँचेंगे स्वतंत्रता-पूर्व के दशकों में जहाँ हम देखेंगे कि कैसे इस गीत ने अनेक हिंदुस्तानियों की नजर में राष्ट्रीय गीत की हैसियत हासिल की और ठीक उसी समय कैसे कुछ लोगों ने गीत को यह हैसियत देने से (अध्याय-2) इंकार

किया। इसके बाद हम कदम बढ़ाएँगे बीसवीं सदी के शुरुआती दौर में, जब 'वंदे मातरम्' ने राष्ट्रभक्ति की प्रतिज्ञा, एकजुटता के जयघोष या कहें कि एक नारे का रूप लिया था। सबसे आखिर में (अध्याय-4) हम उस समय पर विचार करेंगे जब इस गीत की रचना हुई और यह समझने की कोशिश करेंगे कि सन् 1870 और 1880 के दशक में इस कविता का अर्थ क्या रहा होगा।

इस गीत के रचनाकाल तक इस विधि से पहुँचने का मतलब 19वीं सदी के अंतिम दशकों में इस गीत से लगाए गए अर्थ को हर हाल में वरीयता देना नहीं है। किसी मानक अर्थ को निर्धारित करने का ऐसा प्रयास सांस्कृतिक आग्रहों से मुक्त नहीं होगा और इन आग्रहों को अतीत के किसी दूसरे कालखंड अथवा इतिहास के किसी संधिस्थल पर खड़े होकर चुनौती दी जा सकती है। किंतु, इसका मतलब यह भी नहीं कि 'वंदे मातरम्' का अर्थ हमेशा इसी बात पर निर्भर है कि उसे किस समय और कैसे पढ़ा जा रहा है। विभिन्न समय और संदर्भों में गीत के 'पाठ' और 'पाठक' के बीच जारी संवाद में निरंतरता और परिवर्तन को जानना इस कहानी का सबसे दिलचस्प पहलू है। मेरा प्रयास इस संवाद की ऐतिहासिकता को रेखांकित करने का है। ऐसा करना लाजिमी है क्योंकि एक गीत/कविता/नारा/युद्धघोष अथवा एक विवादपरक राष्ट्रगान के रूप में 'वंदे मातरम्' आज भी लोकमानस का हिस्सा है। इस गीत ने रवीन्द्रनाथ टैगोर (सन् 1880 का दशक) से लेकर ए.आर रहमान (सन् 1997) तक अनेक संगीतकारों के सुर-ताल में बँधकर नए-नए अवतार ग्रहण किए हैं। चाहे कोई इस लिहाज से विचार करे अथवा इस तथ्य को गौरतलब माने कि बी. बी. सी. वर्ल्ड सर्विस के 25000 श्रोताओं ने (2002) इसे भारत के सर्वाधिक लोकप्रिय दो गीतों में से एक माना–हर हाल में यह गीत सांस्कृतिक संपदा की मुख्यधारा में नजर आता है। ऐसा क्यों और कैसे हुआ, यही बताने की मैंने कोशिश की है।

विषय सूची

अध्याय एक

सांप्रदायिक रणभेरी

बात सन् 1915 की है। तब, मोहनदास करमचंद गांधी 'महात्मा' के रूप में प्रसिद्ध नहीं हुए थे। उन्होंने मद्रास की एक सभा में भाषण दिया। इस सभा का आरंभ 'वंदे मातरम्' के गायन से हुआ था। सभा में जुटी भीड़ को संबोधित करते हुए गांधी ने कहा :

> आपने जो सुंदर गीत गाया उसे सुनकर हम सब एकदम उछल पड़े। कवि ने मातृभूमि की व्यंजना के लिए हर संभव विशेषणों का प्रयोग किया है। अब यह हम-आप पर है कि कवि ने मातृभूमि के बारे में जो कहा है उसे साकार करने की कोशिश करें।[1]

इस घटना के लगभग 30 बरस बाद महात्मा गांधी निश्चित ही बचाव की मुद्रा में थे जब उन्होंने कहा कि "यह (गीत) कोई धार्मिक पुकार नहीं । यह विशुद्ध राजनीतिक पुकार है...कभी भी इसका गायन मुसलमानों को अपमानित करने या चोट पहुँचाने के लिए नहीं किया जाना चाहिए।"[2] गीत को लेकर गांधी के विचारों में आए बदलावों का कारण था। सन् 1940 के दशक तक 'वंदे मातरम्' का नारा और गीत बहुत से मुसलमानों को चोट पहुँचा चुका था। सांप्रदायिक दंगों में हिंदुओं ने 'वंदे मातरम्' का प्रयोग युद्धघोष के रूप में किया।[3] दरअसल, 'वंदे मातरम्' का नारा 1915 से 1947 के बीच एक सांप्रदायिक रणभेरी का रूप ले चुका था। गांधी ने इस नारे की तुलना दूसरे नारे "अल्लाह-ओ-अकबर" से की "जिससे हिंदुओं को आपत्ति थी।" कलकत्ता की एक प्रार्थना-सभा के भाषण में गांधी

ने कहा कि अल्लाह-ओ-अकबर के नारे ने भारत में आपत्तिजनक अर्थ धारण कर लिया है। इससे हिंदू अक्सर भयभीत रहते हैं क्योंकि कभी-कभी मुसलमान हिंदुओं पर हमला करने के लिए इसी नारे को दोहराते हुए क्रोध में मस्जिदों से निकलते हैं। गांधी खुद मानते थे कि 'यह नारा अपने मूल रूप में आपत्तिजनक नहीं है' और 'यह तो एक ऐसी पुकार है जिससे महान पुकार विश्व में अब तक पैदा नहीं हुई।'[4] लेकिन गांधी ने इस बात को पहचाना कि सन् 1947 के समय में अल्लाह-ओ- अकबर को लोग-बाग सांप्रदायिक अर्थों में देखने लगे थे और ठीक इसी तरह 'वंदे मातरम्' को भी।

अतीत की स्मृतियाँ हमारे वर्तमान को गढ़ती रहती हैं। मिसाल के तौर पर, 25 अप्रैल, 1998 को उत्तर प्रदेश की सरकार ने 'कल्प योजना' नाम से एक आदेश जारी किया। इस आदेश में उन निर्देशों का उल्लेख था जिनका पालन सरकारी विद्यालयों को करना था। इसमें एक निर्देश यह भी था कि सरकारी विद्यालयों में रोजाना 'वंदे मातरम्' गाया जाये। विभिन्न हलकों से इस आदेश का विरोध हुआ। विरोध की इस गहमागहमी के बीच उत्तेजित मुस्लिम अभिभावकों ने सरकारी स्कूलों से अपने बच्चों का नाम कटवाना शुरू कर दिया। इस बात की खबर आयी कि 'मुस्लिम लॉ बोर्ड' ने उन्हें ऐसा करने के लिए कहा है। मुसलमान-समुदाय के भयभीत होने की बात प्रधानमंत्री अटल बिहारी वाजपेयी तक पहुँची। सन् 1998 के नवंबर में वाजपेयी ने उत्तर प्रदेश का दौरा किया तो उनका ध्यान इस तरफ खींचा गया। वाजपेयी ने घोषणा की कि मेरी जानकारी में ऐसा कोई आदेश जारी नहीं हुआ। 3-4 दिसंबर की आधी रात के आस-पास उत्तर प्रदेश के मुख्यमंत्री ने अपनी अध्यक्षता में एक उच्चस्तरीय बैठक की। इस बैठक में फैसला हुआ कि 'वंदे मातरम्' के संबंध में जारी आदेश को वापस लिया जाता है। मुख्यमंत्री ने बुनियादी शिक्षा के मंत्री को अपदस्थ करने की भी घोषणा की। राज्य के शिक्षामंत्री पर आरोप लगाया गया कि उन्होंने उत्तर प्रदेश मंत्रिमंडल को 'वंदे मातरम्' के संबंध में जारी आदेश के संदर्भ में अँधेरे में रखा।

5 दिसंबर, 1998 के दिन राष्ट्रीय अखबारों में अपदस्थ मंत्री का बयान छपा कि यह बात तथ्यात्मक तौर पर गलत है कि मुख्यमंत्री और मंत्रिपरिषद् को सूचित नहीं किया गया था।[5] नई दिल्ली के एक अखबार ने अपने संपादकीय में लिखा कि सरकार का यह "कदम हटाऊ स्पष्टीकरण" दरअसल लीपापोती करने की जुगत है और यह स्पष्टीकरण उस वक्त आया है जब "बहुत कुछ हानि हो चुकी है।"[6] कहा गया कि नुकसान तो बहुत-सी बातों का हुआ है लेकिन 'सबसे ज्यादा नुकसान खुद 'वंदे मातरम्' गीत का हुआ है। वह गीत जो आजादी से पहले देशभक्तों और स्वतंत्रता-सेनानियों के लिए युद्धनाद था—उसे बाँट-बखरे के विवाद में खींच लिया गया है। कलकत्ता के एक अग्रणी अखबार ने अपने संपादकीय में लिखा कि 'वंदे मातरम्' और सरस्वती-वंदना के गायन को अनिवार्य बनाने के प्रस्ताव पर विवाद ने गंभीर रूप तब धारण कर लिया जब 'मौलानाओं ने मुसलमानों से कहा कि वे अपने बच्चों के नाम स्कूलों से कटवा लें' और ऐसा जान पड़ता है कि 'मुख्यमंत्री ने एक कनिष्ठ मंत्री को 'बलि का बकरा' बनाया है।'[7]

राष्ट्रीय स्वयंसेवक संघ (आर. एस. एस.) के मुखपत्र 'ऑर्गनाइजर' ने 'राष्ट्रवादी मुसलमान' को परिभाषित करते हुए कहा, 'जो पर्सनल लॉ, 'वंदे मातरम्, हज और मदरसों का मुद्दा उठाकर अलगाववादी राजनीति नहीं करते वे राष्ट्रवादी मुसलमान हैं। 'वंदे मातरम्' के गायन को स्कूलों में अनिवार्य बनाने के आदेश के विरुद्ध जारी फतवे की 'ऑर्गनाइजर' ने निंदा की।[8] दूसरी तरफ, प्रसिद्ध टिप्पणीकार ए.जी. नूरानी का मानना था कि इस सिलसिले के अनुच्छेद 28 (1) और 28 (3) में राजकीय मान्यता प्राप्त अथवा सरकारी धन की सहायता पाने वाले शैक्षिक संस्थानों में धार्मिक शिक्षा देने की साफ-साफ मनाही है। नूरानी का सवाल था कि 'वंदे मातरम्' कहाँ तक धर्मनिरपेक्ष है?' उन्होंने ध्यान दिलाया कि इस गीत को जबरन 'लादने की कोशिश इस बात का पता देती है कि धर्मनिरपेक्ष राज्य के आदर्श से बड़े सोचे-समझे ढंग से नाता तोड़ा जा रहा है।'[9]

फिलहाल हम इस बात पर विचार नहीं करेंगे कि इस घटना के आगामी राजनीतिक परिणाम क्या हुए। यहाँ महत्त्वपूर्ण यह है कि पूरे मुद्दे ने सांप्रदायिक रंग ले लिया और सन् 1870 के दशक में लिखी गई एक रचना का राजनीतिक मतलब साधने के लिए इस्तेमाल हुआ।

ज्ञान पांडेय ने लिखा है कि सन् 1947 के समय में 'वंदे मातरम्' के गायन में भागीदारी को सांप्रदायिक पार्टियों की छाया से दूर-दराज के हलकों में भी भारत-भक्ति का प्रमाण माना जाता था। बनारस के अखबार 'आज' ने, जो 'संभवतया हिंदी-पट्टी में कांग्रेस का सबसे महत्त्वपूर्ण अखबार था, उन मुसलमान विधायकों की निष्ठा पर सवाल उठाया जो धार्मिक कारणों से 'वंदे मातरम्' के गायन के समय अनुपस्थित हो गए थे। तर्क दिया गया कि इस गीत को संविधान- सभा ने भले ही 'राष्ट्रगीत' का दर्जा देने का निर्णय नहीं लिया लेकिन तब भी इस गीत को 'ऐतिहासिक वैधता' हासिल है। सन् 1954 में, ऑर्गनाइजर में लिखते हुए बलराज मधोक का मत था कि बंकिम ने भारतीय जनसमुदाय के सामने भारत को भारतमाता के रूप में प्रस्तुत किया है जो सभी भारतीयों की माता है...'। लेकिन यहाँ असल बात यह है कि 'भारतीयता' को परिभाषित कैसे किया गया है। एम.एस. गोलवलकर ने अपनी पुस्तक 'बंच ऑव थॉट्स' में 'स्वतंत्रता के तराने छेड़ने वाले कवि बंकिम' की भूरि-भूरि प्रशंसा की है। गोलवलकर के अनुसार बंकिम के लिखे अमर गीत 'वंदे मातरम्' ने हजारों युवा-हृदयों में हँसते-हँसते फाँसी के तख्ते पर चढ़ जाने का जोश भर दिया।' गोलवलकर ने 'वंदे मातरम्' गीत के उस अंश को उद्धृत किया है जहाँ मातृभूमि की कल्पना दुर्गा के रूप में की गई है–'तवं हि दुर्गा दशप्रहरण–धारिणी।'

सन् 1983 के आरंभिक दिनों में पश्चिम बंगाल की विधानसभा में विपक्षी दल के एक विधायक ने यह प्रस्ताव रखा कि सरकार 'वंदे मातरम्' गीत को लोकप्रिय बनाने वाले उपन्यास 'आनंदमठ' को प्रचारित करने का काम करे। सत्ताधारी वामपंथी गठबंधन ने इस

प्रस्ताव के विरुद्ध मतदान करने से इंकार कर दिया। वाम धड़े के बस एक छोटे-से तबके ने इस प्रस्ताव के विरुद्ध मतदान किया। वामपंथी दलों के सदस्य इस मुद्दे पर बड़े पसोपेश में थे जबकि विपक्ष सदन में विजयी-भाव से 'वंदे मातरम्' चिल्ला रहा था। 'धर्मनिरपेक्षता' के प्रति निष्ठावान इन लोगों के संकोच पर पार्थ चटर्जी ने टिप्पणी की :

> 'आनंदमठ' के सवाल पर साफ-साफ रुख अख्तियार करने में 'प्रगतिशील' तबके को इतनी हिचकिचाहट किसलिए होनी चाहिए...इसकी प्रसिद्धि इसके साहित्यिक गुण पर आधारित नहीं है। इसकी ख्याति लगभग पूरी तरह से इसके उस सांकेतिक महत्त्व पर निर्भर है जो इसने बंगाल की एक विशेष राजनीतिक परंपरा में ग्रहण किया। ऐसे में, इस विशेष राजनीतिक-परंपरा के बरक्स वामपंथ को अपनी स्थिति साफ-साफ तय करने में इतनी कठिनाई क्यों महसूस हो रही है?...इस बार फिर वामपंथ उसी जाने-पहचाने राष्ट्रवादी जंजाल में फँस गया है। अपनी विरासत की आलोचना करने के अपने ऐतिहासिक दावे को सामने रखने की जगह वामपंथ आँख मूँदकर सिर्फ एक सांस्कृतिक रुझान का पालन कर रहा है—उस सांस्कृतिक रुझान का जो विरासत की हर चीज को पवित्र बना देती है, उसे देव-मूर्ति में बदल देती है; जिसकी दूर-दूर से पूजा जरूरी हो। यह वही प्रवृत्ति है जो आलोचना को अपावनता का पर्याय मानती है। इस रवैये को एक 'प्रगतिशील' राजनीतिक नेतृत्व की क्रांतिकारी सांस्कृतिक भूमिका से संगत तो नहीं ही कहा जा सकता।'[10]

ये प्रकरण सन् 1947 के बाद की राजनीति के एक खास रुझान का पता देते हैं। 'वंदे मातरम्' को खास उद्देश्यों को साधने की गर्ज से या तो महिमा दी गई है या उसे ओछा बताया गया है। ये प्रकरण इस बात का भी खुलासा करते हैं कि एक प्रतीक के रूप में 'वंदे मातरम्' को लेकर राजनीति दुविधाग्रस्त रही है। सामुदायिक स्मृतियों

के धुँधले मानचित्र पर युद्ध की रेखा खींची गई है और इस मानचित्र ने तोड़ने का भी काम किया है और जोड़ने का भी। बहरहाल, गीत को लेकर राजनीति में उठा-पटक के जारी रहते संगीतकार ए. आर. रहमान के सुरों में इस गीत ने नयी आवाज़ पायी। इससे पता चलता है कि अपनी रचना के 130 साल बाद सन् 1990 के दशक में भी यह गीत राष्ट्र के मानस में जीवंत है।

हमारे अपने वक्त में 'वंदे मातरम्' को लेकर जो विवाद पैदा हुए हैं अथवा इस गीत को लेकर अमूमन हिंदू और मुसलमानी नजरिए में जो टकराव नजर आता है–उसका मूल बड़े पुराने इतिहास में छिपा है। यह इतिहास हमें सन् 1930 के दशक में ले जाता है। यह जानना दिलचस्प होगा कि उस वक्त हिंदू महासभा और मुस्लिम लीग ने गीत को लेकर क्या रुख अपनाया था। दोनों ने अलग-अलग कारणों से गीत को बहुत ज्यादा महत्त्व दिया। दोनों ही के लिए इस गीत के धार्मिक अर्थ का सबसे ज्यादा महत्त्व था। कांग्रेस ने समय-समय पर सुलह-समझौते के जरिए समाधान प्रस्तुत करने की कोशिश की थी लेकिन दोनों ही इस तरह के समझौता-परस्त समाधान से नाखुश थे।

सन् 1938 के दिसंबर में नागपुर में हिंदू महासभा का बीसवाँ अधिवेशन हुआ। इसमें वी.डी. सावरकर ने बड़ा मानीखेज अध्यक्षीय भाषण दिया। भाषण की शुरुआत उन्होंने हिंदूशाही को संगठित करने और संघर्ष की साफ-साफ रेखा खींचने की बात कहकर की। भाषण का अंत उन्होंने 'वंदे मातरम्' से किया।[11] दरअसल हिंदू महासभा के सामने सावरकर ने जब यह भाषण दिया उसके लगभग एक साल पहले पार्टी ने पुणे और बंबई में प्रदर्शन करके 'वंदे मातरम्' के प्रति अपने उत्साह को दिखा दिया था। बंबई के मुख्य सचिव ने लिखा–

> मुस्लिम लीग ने 'वंदे मातरम्' का विरोध किया है। इसके प्रतिकार में 26 अक्टूबर, 1937 को हिंदू महासभा और डेमोक्रेटिक स्वराज पार्टी ने पुणे और बंबई में 'वंदे मातरम्' दिवस मनाया। इस अवसर पर भाषणों में इस गीत को भारत

के राष्ट्रगान के रूप में अपनाने की बात जोर देकर कही गई।

सन् 1937 के चुनावों में डेमोक्रेटिक स्वराज पार्टी ने कांग्रेस के प्रत्याशियों के मुकाबले में अपने उम्मीदवार खड़े किए। इस दल के बहुत-से सदस्य बाल गंगाधर तिलक के अनुयायी थे। उस समय हिंदू महासभा के मानस में जो कुछ चल रहा था उसका पता श्यामाप्रसाद मुखर्जी की निजी डायरी के एक अंश से चलता है–

> यह बात सही है कि कांग्रेस सबसे संगठित और सबसे ज्यादा नुमाइंदगी वाली पार्टी है और यह मुख्यतया हिंदुओं के समर्थन पर निर्भर रहती है। लेकिन, यह हिंदुओं के अधिकारों के लिए खुलकर लड़ने में हिचकिचाती है क्योंकि तब इसे सांप्रदायिक संगठन कह दिया जाएगा...यह (पार्टी) हिंदू मतदाताओं की नुमाइंदगी करती है तो भी हिंदुओं के अधिकारों की रक्षा करने के अपने पावन कर्तव्य से मुँह मोड़ लेती है।[12]

सन् 1939 की मध्यावधि तक मुखर्जी 'महासभा' के आकर्षण में बँध चुके थे। उनका यह आकर्षण उस समय और पुख्ता हो गया जब 'सावरकर बंगाल में हिंदू महासभा की नई विचारधारा लेकर आए।' मुखर्जी के लिए यह विचारधारा विशेष आकर्षण रखती थी क्योंकि वे 'बंगाली हिंदुओं की दुर्दशा देखकर बहुत दुखी थे।' वे मानते थे कि हिंदुओं की यह दुर्दशा सन् 1937 से 1939 तक बंगाल में मुस्लिम लीग की प्रांतीय सरकार के कारण हुई है।[13] कुल मिलाकर देखा जाए तो मुखर्जी का मानना था कि 'हिंदू महासभा 'लीग' की कारगुजारियों के कारण धीरे-धीरे जड़ जमा रही है।'[14]

मुस्लिम लीग ने नागपुर में अपना सम्मेलन सन् 1939 में 4-7 जनवरी को किया। इसकी बैठक में 'महासभा' के विचारों का प्रतिकार किया गया। मध्यप्रांत की सरकार ने विद्यामंदिर योजना के तहत स्कूलों में 'वंदे मातरम्' के गायन को बढ़ावा दिया था। सम्मेलन के एक प्रस्ताव में मध्यप्रांत की सरकार के इस कदम की निंदा की गई।[15] उर्दू-स्कूलों में इस गीत के गायन पर विशेष रूप से आपत्ति

जतायी गयी। एम. ए. जिन्ना ने खुद ही लीग के पटना वाले अधिवेशन (1938) में भाषण देते हुए यह सवाल उठाया था–"सरकारी स्कूल के मुसलमान बच्चों से यह गीत गवाया जाता है–खासकर मध्यप्रांत में जहाँ यह सचमुच राजनीतिक मुद्‌दा है।"[16] दरअसल, सन् 1930 के दशक के अंतिम वर्षों में 'लीग' हिंदू महासभा को उसकी ताकत से कहीं ज्यादा महत्त्व देने लगी थी। यह किसी धर्मांध मानस की गलती नहीं थी। 'लीग' के लिए 'महासभा' को हिंदू जनमत का वास्तविक प्रतिनिधि बनाकर पेश करना बहुत महत्त्वपूर्ण था। जिन्ना ने कहा–"कांग्रेस राष्ट्रवाद का मुखौटा ओढ़े रहती है जबकि हिंदू महासभा ऐसा शब्द-छल नहीं करती।"[17] कुछ महीने बाद सर मोहम्मद इक़बाल ने जिन्ना को लिखा कि मेरे ख्याल से हिंदू महासभा और कांग्रेस दोनों हिंदू संगठन हैं लेकिन 'मैं महासभा को हिंदू जनसमूह का वास्तविक प्रतिनिधि मानता हूँ।'[18] महासभा की ताकत का एक मुख्य कारण यह था कि उसका मुख्य विरोधी ही उसे खास तौर से मान्यता दे रहा था।

जनमानस को प्रभावित कर सकने की क्षमता वाले 'लीग' के नेताओं तथा इसके बिचले स्तर के नेताओं में 'वंदे मातरम्' गीत के प्रति विरोधभाव सन् 1930 के दशक तक ठोस रूप ले चुका था। इस विरोधभाव के जनक सिर्फ जिन्ना नहीं थे लेकिन यह भी तथ्य है कि उन्होंने इस विरोधभाव की सरपरस्ती की जो अपने आप में बहुत महत्त्वपूर्ण है।

सन् 1926 के चुनावों में हिंदू महासभा और मुस्लिम लीग का चुनावी प्रतिद्वन्द्वी के रूप में सामने आना, 1924, 1925 तथा 1926 में भारत के विभिन्न हिस्सों में भयावह सांप्रदायिक दंगों का होना और सन् 1922 से 1927 के बीच सांप्रदायिक हिंसा की छिटपुट घटनाओं का होना और इसके फलस्वरूप हुए रक्तपात तथा पुलिसिया कार्रवाई ने तनाव का माहौल तैयार किया। इस माहौल में 'वंदे मातरम्' गीत हिंदू-मुस्लिम संघर्ष के कई कारणों में एक बनता गया। सन् 1935 का गवर्नमेंट ऑव इंडिया एक्ट, सांप्रदायिक आधार पर सीटों का

आरक्षण तथा 1937 के चुनाव के फलस्वरूप प्रांतीय सरकारों के गठन जैसी घटनाओं ने इस तनाव को और तूल दिया। इसी समय गृह विभाग के तत्कालीन प्रधान तथा वायसराय की कार्यकारिणी के सदस्य सर हेनरी क्राइक ने लार्ड बेडेन पॉवेल को लिखा कि "दरअसल यह गीत मुसलमानों के विरुद्ध घृणा के मंत्र के रूप में रचा गया है।"[19] क्राइक ने 'आनंदमठ' उपन्यास के अध्याय और गीत के अंतरे को उद्धृत करते हुए ध्यान दिलाया कि 'बंगाल के क्रांतिकारी सोसायटी के नेताओं ने इस उपन्यास से बहुत-से विचार ग्रहण किए हैं, और 'आतंकवादी' जो 'विशेष शपथ' उठाते हैं वह भी इसी उपन्यास से आया है। क्राइक का सबसे धारदार तर्क था कि–

> अनेक वर्षों से 'वंदे मातरम्' का नारा बंगाल के आतंकवादियों के लिए युद्धघोष बना हुआ है। हालाँकि इन शब्दों का सीधा-सादा अर्थ है–'माता की जय हो' किंतु आतंकवादी अपनी ज्यादती करते समय अक्सर इसे बोलते हैं। दूसरे लोग भी क्रांति से अपने लगाव और सरकार के प्रति रोष जाहिर करने के लिए इस (नारे) को बोलते हैं। इस गीत में वस्तुतः राष्ट्रीय गीत बनने का गुण नहीं है...

क्राइक यह बात सन् 1937 में कह रहे थे। इसके अगले साल वायसराय लिनलिथगो ने मद्रास के गवर्नर को निर्देश दिया कि 'मुसलमान समुदाय की भावनाओं को आहत करने वाले इस गीत को हटाने' के लिए गवर्नर की तरफ से 'हर जरूरी युक्ति और चाल' का इस्तेमाल किया जाए।[20] मुद्दा यह था कि प्रांतीय विधानसभा में 'वंदे मातरम्' को गाया जाय या नहीं। कुछ मुसलमान विधायकों ने इस गीत के गायन का विरोध किया था। सन् 1939 के शुरुआती दिनों में लिनलिथगो को ठीक ऐसी ही रिपोर्ट बिहार के गवर्नर ने भेजी। मुस्लिम लीग के पटना वाले अधिवेशन में इस गीत के विरोध में भाषण हुए थे।[21]

सन् 1930 के दशक के अंतिम वर्षों में मुस्लिम लीग के भीतर एक गुट 'वंदे मातरम्' के खिलाफ हो चुका था। यह कहना उचित

होगा कि मुस्लिम लीग में यह गुट बहुसंख्यक था। गीत के प्रति विरोधभाव जड़ जमा चुका था और जिन्ना ने इस गीत को हटाने की माँग करके विरोधभाव को एक ठोस रूप दे दिया। जिन्ना के निजी दस्तावेजों में कुछ 'नोट्स' मिलते हैं। ये नोट्स जिन्ना ने नेहरू से अपनी बातचीत (1938) के लिए तैयार किए थे। उनके एजेंडे में तीन बातें सबसे ऊपर थीं : '1. मुसलमान जनसमुदाय से संपर्क बंद हो, 2. 'वंदे मातरम्' को भी छोड़ना होगा; 3. राष्ट्रीय झंडा हटाया जाए'[22]। राष्ट्रीय झंडे की तरह राष्ट्रगान को भी कांग्रेस और लीग की आपसी बातचीत में तय किया जाना था।

'वंदे मातरम्' के सवाल पर मुस्लिम लीग के रवैये का खुलासा एक पत्र से होता है। यह पत्र जिन्ना ने जवाहर लाल नेहरू को 17 मार्च 1938 के दिन लिखा था : 'आप जानना चाहते हैं कि हिंदू-मुस्लिम एकता को बढ़ावा देने के क्रम में विवाद के बिंदु क्या हैं।' इस सवाल के उत्तर में जिन्ना ने लाहौर से प्रकाशित 'न्यू टाइम्स' (1 मार्च 1938) के एक लेख को पत्र के साथ नत्थी किया था। इस लेख में 'मुसलमानों की माँगों' का सार-संक्षेप प्रस्तुत किया गया था। इन माँगों में शामिल था–राष्ट्रगान का सवाल...पंडित जवाहर लाल नेहरू इस बात से जरूर वाकिफ होंगे कि पूरे देश के मुसलमानों ने 'वंदे मातरम्' अथवा इस मुस्लिम-विरोधी गीत के किसी भी संपादित अंश को राष्ट्रगान के रूप में अपनाने से इंकार कर दिया है।[23] सन् 1938 के अप्रैल में अखिल भारतीय मुस्लिम लीग का एक विशेष अधिवेशन कलकत्ता में हुआ। अपने अध्यक्षीय भाषण में जिन्ना ने यही टेक दुहराते हुए कहा कि 'विधायिकाओं पर 'वंदे मातरम्' को बलात् लादने की' कांग्रेस की कोशिश से 'बहुत ज्यादा कटुता और वैरभाव पनप रहा है।'[24] वे अपनी रौ में बहते हुए यह भी बोल गए कि 'एक सम्मानजनक सुलह सिर्फ बराबरी के लोगों में हो सकती है और जब तक दोनों दल एक-दूसरे से डरना तथा एक-दूसरे का सम्मान करना नहीं सीख लेते तब तक सुलह की कोई ठोस जमीन तैयार नहीं होगी।'[25]

जिन्ना ने अपने भाषण के इन अंतिम शब्दों में जो बात कही थी वही बात सन् 1938-1939 में विभिन्न प्रांतों के 'लीग' के अधिवेशनों में दुहरायी गयी। सिंध प्रांत की मुस्लिम लीग की अधिवेशन बैठक सन् 1938 के अक्तूबर में कराची में हुई। इस बैठक में कांग्रेस की यह कहते हुए निंदा की गई कि कांग्रेस 'मुसलमानों तथा अन्य गैर-हिंदू लोगों पर 'वंदे मातरम्' को राष्ट्रगान के रूप में लादना चाहती है और ऐसा करते हुए वह मुसलमानों की भावनाओं की घनघोर उपेक्षा कर रही है क्योंकि मुसलमान इस गीत को मूर्तिपूजक ही नहीं समझते बल्कि यह भी मानते हैं कि यह गीत अपने मूल और विचार से मुसलमानों के विरुद्ध घृणा का मंत्र है।'[26] जिन्ना ने इसी सम्मेलन में अपना अध्यक्षीय भाषण देते हुए कहा कि छह प्रांतों में सरकार बनाकर कांग्रेस अब एक आक्रमणकारी एजेंडे पर अमल कर रही है। उन्होंने अपने भाषण में कहा–'इन लोगों ने प्रांतीय विधानसभा में 'वंदे मातरम्' गाना शुरू किया है। यह गीत मूर्तिपूजक ही नहीं बल्कि अपने मूल और सार में मुसलमानों के प्रति घृणा फैलाने के लिए रचा गया है।'[27] पुलिस की एक रिपोर्ट के अनुसार ओड़ीसा की प्रांतीय मुस्लिम लीग ने सन् 1938 में बड़े पैमाने पर एक पर्चे का प्रचार-प्रसार किया। इसमें 'कांग्रेस से जुड़े तंगनजरी के शिकार, कायर और मतलबपरस्त' मुसलमानों को उलाहना के स्वर में कहा गया कि वे 'वंदे मातरम्' की मुस्लिम-विरोधी प्रकृति को पहचानें जिसको कांग्रेस 'प्रातीय विधानसभा, स्कूल और सार्वजनिक सभाओं में राष्ट्रगान के रूप में बढ़ावा दे रही है जबकि इन जगहों पर हर मजहब के लोग जमा होते हैं।'[28] बिहार के गवर्नर ने भी वायसराय को लगभग इसी आशय की रिपोर्ट भेजी थी। गवर्नर के अनुसार बिहार मुस्लिम लीग के जनवरी 1939 के अधिवेशन में ऐसे ही विचार व्यक्त किए गए थे।[29] दरअसल, जिन्ना के सार्वजनिक बयान से पहले सिंध के अहमद यार दौलताना और मद्रास विधानसभा के कुछ मुस्लिम विधायक इस गीत के विरोध में अपनी आवाज उठा चुके थे। दौलताना वर्ष 1921 से 1937 तक पंजाब विधानसभा के विधायक रहे।

उन्होंने सन् 1937 के अगस्त में एक प्रेस वक्तव्य में विरोध दर्ज करते हुए कहा था कि कांग्रेस ने अपने छह प्रांतों के बारे में फैसला किया है कि 'विधानसभा के मुसलमान विधायक भी 'वंदे मातरम्' गायें।' दौलताना का सवाल था : 'अगर पंजाब सूबे के प्रधान सिकंदर हयात खान इस बात का फैसला कर लें कि गैर-मुस्लिम सदस्यों को इकबाल का कौमी तराना गाना होगा, तब क्या होगा?'[30] सन् 1937 के सितंबर में मद्रास विधानसभा के एक मुसलमान विधायक ने 'वंदे मातरम्' के गायन का विरोध करते हुए इसे 'इस्लाम का अपमान' बताया था।'[31] विधानसभा ने फैसला दिया कि इस गीत का पहला अंतरा आपत्तिजनक नहीं है और इस अंतरे तक यह गीत गाया जा सकता है। अगले साल जब फिर विवाद खड़ा हुआ तो गवर्नर ने वायसराय को लिखा कि मैं इस चलन को हटाने के लिए अपने विशेषाधिकार के प्रयोग की बात सोच रहा हूँ।[32]

यहाँ यह बात दिलचस्प लगती है कि वायसराय ने गवर्नर को सरकारी हस्तक्षेप से बाज आने की सलाह दी।[33] क्या यह सलाह यह सोचकर दी गई थी कि मामला जितना तूल पकड़े उतना ही अच्छा होगा अथवा इस सलाह के पीछे वायसराय के मन में यह विचार काम कर रहा था कि संवैधानिक रूप से, कार्यपालिका का विधायिका के काम में हस्तक्षेप करने से बचना ही उचित है? इस सवाल का कोई दो टूक उत्तर नहीं दिया जा सकता है। बहरहाल इस संदर्भ में लिनलिथगो की एक टिप्पणी पर ख्याल करना प्रासंगिक होगा। सन् 1938 में बनी नई प्रांतीय सरकारों में कांग्रेस द्वारा झंडा फहराने के मसले पर वायसराय ने यह टिप्पणी की थी। वायसराय लिनलिथगो ने लंदन के अपने आला अधिकारियों को एक गोपनीय पत्र में लिखा :

> मुझे यह कहने की जरूरत नहीं कि हमारे नजरिए से इस समस्या से बेहतर बात कोई हो ही नहीं सकती। हमारी तरफ से तो यह एक भोंडी बात जरूर जान पड़ती है लेकिन इस समस्या का समाधान दोनों दलों की आपसी ईर्ष्या के जरिए

किया जाना चाहिए, और आपने ध्यान दिया होगा कि मद्रास में 'वंदे मातरम्' की नियति ऐसी ही हुई...[34]

यह कहना तो सटीक नहीं होगा कि इन्हीं जैसे मुद्दों पर उठे सांप्रदायिक पहचान के सवाल को अंग्रेजी जमाने की नौकरशाही ने सुविधाजनक औजार की तरह इस्तेमाल किया किंतु यह कहना भी अनुचित नहीं होगा कि नौकरशाही यह देखने से नहीं चूकी कि ऐसे मौकों का फायदा उठाया जा सकता है।

कुछ मुस्लिम बुद्धिजीवियों को जिन्ना की 'लाइन' मानने से एतराज था। बंगाल में, रिजाउल करीम ने सन् 1930 के दशक में 'वंदे मातरम्' और 'आनंदमठ' की समीक्षा लिखी थी। अपनी पुस्तक 'बंकिमचंद्र ओ मुस्लिम समाज' में उन्होंने तर्क दिया कि सन् 1937 में इस मुद्दे पर ठोस पहलकदमी का मुख्य कारण था 'मुसलमानों को स्वतंत्रता-संग्राम से बाहर खींच निकालना'।[35] करीम ने इस मुद्दे पर 'गैर-हिंदू नजरिए से' लिखा है और इसमें दो बातें नजर आती हैं। पहली बात तो यह कि इस गीत ने 'गूँगों को जबान और कलेजे के कमजोर लोगों को साहस' दिया और इस रूप में बंकिमचंद्र ने देशवासियों को एक चिरकालिक उपहार दिया। करीम के अनुसार, बहुत-से लोगों ने उन्हें सांप्रदायिक अथवा मुस्लिम-विरोधी बताया है लेकिन 'बंकिम के व्यक्तित्व के जिस अंश को मुस्लिम-विरोधी बताया जाता है वह मेरे जानते उनकी अपनी पहचान नहीं है। यह उनके युग का चित्र है, वे जिस समय में रह रहे थे—उसका चित्र है। और, इस बात के लिए एक लेखक को माफ कर देना चाहिए।'[36] दूसरी बात, यदि बंकिमचंद्र मुस्लिम-विरोधी थे तब भी 'क्या इससे उनका साहित्यिक महत्त्व कम हो जाता है...? साहित्य को, साहित्य जानकर ही पढ़ा जाना चाहिए।...यदि साहित्यकार अपने साहित्य को राजनीति के घनचक्कर में खींच लाते हैं तो साहित्य की हत्या हो जाती है—इसका आनंद समाप्त हो जाता है। बंकिम को साहित्यिक कसौटियों पर ही देखा-पढ़ा और समझा जाना चाहिए। इसके

अतिरिक्त उन पर हमारा और कोई दावा नहीं बनता और अगर कोई दावा बनता भी हो तो वे इसे पूरा नहीं करने वाले।' इस तरह, करीम ने साहित्येतर हलकों की माँग से निरपेक्ष सर्जनात्मक लेखन की स्वायत्तता तथा लेखक की स्वतंत्रता को बड़े साहसपूर्वक सामने रखा। करीम इस बात के खिलाफ थे कि कोई राजनीतिक समूह तो बंकिम को ताबीज बनाकर पहन ले और कोई उन्हें अपने ऊपर एक अभिशाप के रूप में देखे।

राष्ट्रवादी मुस्लिम राजनीतिक नेतृत्व का रवैया थोड़ा जटिल था। यह बात तो खैर सोची ही जा सकती है कि उन्होंने गीत के राजनीतिक इस्तेमाल का पक्ष लिया होगा लेकिन उनकी प्रतिक्रियाओं में कुछ दिलचस्प बातें मिलती हैं। इन प्रतिक्रियाओं से यह संकेत मिलता है कि ऊपर-ऊपर तो उनके बीच इस गीत के गायन को लेकर सहमति थी लेकिन भीतर के भेद भी मौजूद थे। डॉ. सैयद महमूद बिहार में बनी कांग्रेस की प्रांतीय सरकार में शिक्षा मंत्री थे। उनका विचार था कि 'गीत के पहले दो अंतरे में कोई भी आपत्तिजनक बात नहीं है।' उन्होंने बिहार की विधानसभा में घोषणा की कि 'इन दो अंतरों को गाना भी कोई जरूरी नहीं है।[37] बिहार विधानसभा के एक सदस्य खान मोहम्मद इस्माइल, जो कांग्रेस के सन् 1919 से सदस्य थे, ने यह कहना जरूरी समझा कि 'वंदे मातरम्' पर कुछ और सोच-विचार करने की जरूरत है।[38] उनका मानना था कि प्रांतों में गठित कांग्रेस सरकार ने मुस्लिम समुदाय को 'विधानसभा में अपने बहुमत के जोर के कारण' अलग-थलग कर दिया है और इस क्रम में कांग्रेस ने' दोनों समुदायों की दोस्ती का तनिक भी लिहाज नहीं किया है। इतिहासकार के. एम. अशरफ ने सन् 1938 के वक्त में माना–'इस बात की आम तौर पर शिकायत सुनने को मिल रही है कि राष्ट्रीय झंडे का जो गीत आजकल गाया जा रहा है उसे कांग्रेस के बहुत-से मुसलमान सदस्य नहीं समझ पा रहे हैं।'[39] (उन्होंने यह भी लिखा : 'हमें इस बात की भी बहुत-सी शिकायतें मिली हैं कि हिंदू महासभा के प्रमुख सदस्य कांग्रेस के

संगठन के भीतर जिम्मेदारी के पदों पर काबिज हो गए हैं') युक्त प्रांत की सरकार के काबीना मंत्री और कांग्रेसी नेता रफी अहमद किदवई ने ध्यान दिलाया कि यह गीत बरसों से कांग्रेस के अधिवेशन की शुरुआत में गाया जाता रहा है और मुसलमानों ने इसका विरोध महज सन् 1930 के दशक से करना शुरू किया है जिसमें जिन्ना भी शामिल हैं। एक प्रेस विज्ञप्ति में उन्होंने कहा–'जनाब जिन्ना ने कांग्रेस इसलिए नहीं छोड़ी कि 'वंदे मातरम्' गीत इस्लाम-विरोधी है' बल्कि उनके कांग्रेस छोड़ने का कारण यह था कि 'स्वराज' की अवधारणा उनको स्वीकार नहीं थी।[40] इस तरह, किदवई ने यह इशारा किया कि 'वंदे मातरम्' को मुद्दा बनाना तो एक बहाना था जिसके पीछे दूसरे उद्देश्य छुपे हुए थे।

जो मुस्लिम नेता कांग्रेस के साथ थे अथवा 'लीग' से जिन्होंने दूरी बना रखी थी वे 'वंदे मातरम्' को राष्ट्रगान बनाने के सवाल पर अलग-थलग विचार रखते थे। कुछ मुस्लिम नेता इस गीत के सक्रिय विरोधी नहीं थे। लेकिन उन्होंने स्वीकार किया कि इस मसले पर वे दुविधा की स्थिति में हैं। एक नामालूम-से मुस्लिम कांग्रेस सदस्य ने मद्रास से राजेंद्र प्रसाद को सन् 1939 में एक निजी पत्र भेजा। इस पत्र में उसने लिखा :

> 'वंदे मातरम्' एक बंगाली शब्द है। प्रतिक्रियावादी समूहों का कहना है कि इस शब्द का अर्थ होता है : 'हम देवी पृथ्वी की पूजा करते हैं।' क्या यह बात सही है? क्या आप मुझे बताएँगे कि 'वंदे मातरम्' राष्ट्रीय गीत' कैसे बन गया? असंख्य हाथ और पंखवाली भारत माता की तस्वीर क्या धार्मिक प्रतीक है अथवा राजनीतिक?"[41]

संक्षेप में कहें तो सन् 1937 से 1939 के बीच इस गीत के ऊपर विवाद ने जोर पकड़ा। इसी विवाद के समानांतर सांप्रदायिक तनाव भी मौजूद था। इस गीत के गायन को लेकर मुसलमानों में जो विरोधभाव बढ़ रहा था उसे सिर्फ जिन्ना की देन नहीं माना जा सकता। लेकिन, जिन्ना ने मुस्लिम लीग द्वारा इस मुद्दे को

राजनीतिक मतलब से इस्तेमाल करने में निर्णायक भूमिका निभाई। यह बात तो खैर अपेक्षित ही है कि भारत में मौजूद अंग्रेज नौकरशाही इस बात से नाखुश नहीं थी। 'वंदे मातरम्' के सवाल पर राष्ट्रवादी मुसलमान कुछ संकोच की स्थिति में थे जबकि हिंदुओं और मुसलमानों का सांप्रदायिक रुझान वाला तबका इस गीत में मौजूद बिम्ब और प्रतीक के धार्मिक तत्त्वों को उछालकर बढ़-चढ़कर अपनी बातें कह रहा था। आखिर में, यह सवाल पूछा जा सकता है कि भारतीय राष्ट्रीय कांग्रेस पर इन विवादों का क्या असर पड़ा?

राष्ट्रीय सांस्कृतिक प्रतीकों मसलन, 'वंदे मातरम्' के संप्रदायीकरण के सवाल से कांग्रेस कन्नी नहीं काट सकती थी। इसके दो कारण थे। पहली बात तो यह कि कम से कम छह प्रांतों में कांग्रेस की निर्वाचित सरकार थी और इस कारण कांग्रेस को इस मसले पर अपनी स्थिति साफ करते हुए उसके अनुकूल आचरण करना था। दूसरे, कांग्रेस ने 'मुस्लिम मास कांटेक्ट प्रोग्राम' (मुस्लिम समुदाय से जनसंपर्क का अभियान) चलाया था और इस अभियान में भी उसे इस मसले का सामना करना था। हालाँकि यह अभियान अपने आप में सफल नहीं रहा लेकिन सन् 1937 में 'लीग' के नेता इस अभियान को मुस्लिम लीग के लिए गंभीर चुनौती के रूप में देख रहे थे। मिसाल के लिए, जिन्ना ने सन् 1937 में कहा, हम जनसंपर्क अभियान की बात सुन रहे हैं। लेकिन, यह किसलिए? यह सब उन लोगों को पकड़ने की कोशिश है जो उनके रंगरूट बनकर...'वंदे मातरम्' गायेंगे।'[42] फज़लुल हक ने सन् 1938 में, इससे भी ज्यादा तीखे शब्दों में कहा : 'हमारे कुछ लोगों...ने मुस्लिम हितों के साथ धोखा किया है।'[43] मुस्लिम समुदाय के बीच जनसंपर्क अभियान चलाने के कारण कांग्रेस के सामने भी चुनौती थी कि 'वंदे मातरम्' समेत विवादग्रस्त मुद्दों पर मुस्लिम जनमत को किस तरह संतुष्ट किया जाए? इस कारण कभी तो कांग्रेस 'वंदे मातरम्' को राष्ट्रगान बताती थी और कभी इस बात से मुकर जाती थी। अगले अध्याय की कथा भी यही है कि 'वंदे मातरम्' को राष्ट्रगान के रूप में स्थापित

करने की कोशिश वाद-विवाद का अखाड़ा बन गई। इस अध्याय में सन् 1937 से बाद की घटनाओं पर चर्चा की गई थी। इन घटनाओं को इससे पहले के दशक की घटनाओं के संदर्भ में समझा जा सकता है।

अध्याय दो

राष्ट्रगान?

संभवतः सन् 1920 के दशक तक 'वंदे मातरम्' देश का सबसे प्रसिद्ध राष्ट्रीय गीत बन चला था। लेकिन जहाँ एक तरफ अपनी हैसियत बढ़ने के कारण इस गीत ने राष्ट्रगान का दर्जा हासिल करने की तरफ कदम बढ़ाया तो दूसरी तरफ यह गीत विवाद का विषय भी बना। यह बात सच है कि ऐतिहासिक रूप से यह गीत भारत के विभिन्न भागों में चल रहे राष्ट्रीय आंदोलन से जुड़ा था। इस बात के प्रमाण मिलते हैं कि भारतीय राष्ट्रीय कांग्रेस के कलकत्ता वाले अधिवेशन (1896) में इसे रवीन्द्रनाथ टैगोर ने गाया था। उन्होंने ही इसका संगीत भी तैयार किया था।[1] तमिल भाषा के महान कवि सुब्रह्मण्यम भारती ने सन् 1905 में इस गीत का अनुवाद किया। इस गीत को मराठी (1907), तमिल (1908) तथा मलयालम (1909) में अनूदित किया गया।[2] पूरे हिंदुस्तान में कई जगहों पर सार्वजनिक सभाओं और जुलूसों में यह गीत गाया जाता था। सन् 1905 के बंगाल-विभाजन का विरोध करने वाले 'स्वदेशी आंदोलनकर्मी', इस गीत को गाते थे। गांधी ने कहा कि इस गीत को पहली बार सुनकर मेरा दिल भर आया। मैं उस समय बस 'छोकड़ा' ही था।[3] 'हिंदू' अखबार के अनुसार सन् 1907 में मद्रास में प्रदर्शनकारियों ने इस गीत को गाया था।[4] दूसरी तरफ यह सवाल भी उठा कि क्या इस गीत को 'राष्ट्रगान' का दर्जा देना ठीक होगा। कुछ लोगों को इस गीत की अलंकृति और बिम्ब स्वीकार नहीं थे क्योंकि उन्हें लगता था कि इस गीत की भावभूमि मूर्तिपूजा की है। कुछ लोगों को यह भय

सता रहा था कि इस गीत का स्वर 'धर्मनिरपेक्ष' नहीं है और शायद इस कारण विवाद खड़ा हो सकता है। यहाँ हम जिस दौर की बात कर रहे हैं उसमें धर्म-समुदायों के भीतर अपनी अस्मिता की नयी चेतना आकार ले रही थी और दूसरों के सापेक्ष अपनी पहचान गढ़ने के उस युग की राजनीति में इस गीत पर विवाद होना ही था। इस गीत के राजनीतिक इस्तेमाल ने पूरे मसले को विभेदकारी बना दिया। जिस गीत ने जोड़ने का काम किया उसी ने तोड़ने का भी काम किया। यह बात सिर्फ सन् 1937 के बाद की कालावधि पर ही फिट नहीं बैठती, यह बात तो हम पिछले अध्याय में देख ही चुके हैं। सन् 1937 से पहले के लिए भी यही बात सच है। अंतर बस इतना है कि गीत के विरोध ने उतना सधा-सधाया और सुगठित रूप नहीं लिया था जैसा सन् 1930 के दशक के अंतिम बरसों में उसे मुस्लिम लीग ने दिया।

20वीं सदी के पहले तीन दशकों में गीत को भरपूर लोकप्रियता हासिल हुई। इससे पहले यह गीत विरले ही गाया जाता था। बंकिम चंद्र चटर्जी के एक दोस्त ने अपने संस्मरण में लिखा है कि जब बंकिमचंद्र अपना उपन्यास 'आनंदमठ' लिख रहे थे तो उनके एक उत्साही मित्र ने 'वंदे मातरम्' को राग मल्हार में संगीतबद्ध किया। बंकिम का यह बंगाली मित्र डिप्टी मजिस्ट्रेट था। बंकिम के बैठकखाने में सन् 1880 में यदा-कदा इस गीत का गायन हुआ।[5] इस बात के साक्ष्य हमें मिलते हैं। इसके भी प्रमाण मौजूद हैं कि एक साहित्यिक गोष्ठी में, सन् 1882 में इस गीत को गाया गया था और इस गोष्ठी में बंकिमचंद्र मौजूद थे।[6] लेकिन, इस गीत की कोई भी स्वरलिपि सन् 1885 से पहले की नहीं मिलती। इस समय तक 'आनंदमठ' को प्रकाशित हुए तीन साल हो चुके थे। यह स्वरलिपि टैगोर-परिवार की एक महिला प्रतिभा सुंदर ने लिखी है जो टैगोर-परिवार द्वारा प्रकाशित एक पत्रिका में छपी थी। स्वरलिपि की रचना निश्चित ही रवीन्द्रनाथ टैगोर की है, उन्होंने देस रागिनी (कव्वाली बीट) पर आधारित यह स्वरलिपि तैयार की थी।[7] बंकिमचंद्र ने इस

स्वरलिपि को 'आनंदमठ' के तीसरे संस्करण (1886 ई.) के परिशिष्ट में शामिल किया था। इस तथ्य से साबित होता है कि उन्हें भी यह स्वरलिपि पसंद थी।

रवीन्द्रनाथ टैगोर ने सन् 1937 में जवाहरलाल नेहरू को एक पत्र में लिखा : 'इसके ('वंदे मातरम्') पहले अंतरे को सुर में बाँधने का सौभाग्य मुझे प्राप्त है। उस वक्त लेखक बंकिम चंद्र जीवित थे और मैं ही वह पहला आदमी हूँ जिसने कलकत्ता-कांग्रेस की एक बैठक में इसे लोगों के सामने गाया था।'[8] (संभवतः 'वंदे मातरम्' को छोड़कर एक ही राष्ट्रीय गीत ऐसा है जिसे इतने ही महान व्यक्ति द्वारा सुर में सजने का सौभाग्य प्राप्त हुआ है। यह गीत आस्ट्रिया का 'एम्परर हाईम' है जिसे हेडन ने सन् 1797 में सुरों में बाँधा)। बंकिम की मौजूदगी में टैगोर ने इस गीत को जरूर ही सन् 1894 से पहले गाया होगा क्योंकि सन् 1894 में बंकिम चंद्र पंचतत्त्व में विलीन हो गये और टैगोर ने कांग्रेस के जिस अधिवेशन की चर्चा की है वह 1896 में हुई थी। टैगोर द्वारा रचित स्वरलिपि विश्व-भारती ने टैगोर की अन्य स्वरलिपियों के साथ छापी है। इस गीत की स्वरलिपि 'देश रागिनी' में निबद्ध है।[9]

इन सारी बातों से पता चलता है कि इस कविता को उत्साहियों और साहित्य-रसिकों की छोटी-सी मंडली में सराहा गया। गीत को जनता के बीच लोकप्रियता सन् 1905 में मिलनी शुरू हुई। वायसराय लार्ड कर्जन के बंगाल-विभाजन के विरोध में उठे स्वदेशी आंदोलन ने अपने आधार गीत के रूप में 'वंदे मातरम्' को अपनाया। 'वंदे मातरम् संप्रदाय' नाम का एक 'समाज' सन् 1905 के अक्टूबर में कायम हुआ। इसी तर्ज पर एक और 'समाज' स्वदेश सेवक संप्रदाय नाम से कायम हुआ। इसमें घूम-घूमकर गीत गाने वाले लोग शामिल हुए।[10] स्वदेशी आंदोलन के नेताओं ने अपनी बात को प्रचारित करने के एक साधन के रूप में गीत को बहुत ज्यादा महत्त्व दिया। इस संदर्भ में एक जुलूस खास तौर पर उल्लेखनीय है। अक्टूबर 1905 में, रक्षाबंधन के दिन निकले इस जुलूस की अगुआई रवीन्द्रनाथ टैगोर

ने की थी। 'बंगाल स्कूल ऑव पेंटर्स' के अग्रणी चित्रकार और रवीन्द्रनाथ टैगोर के भतीजे अवनीन्द्रनाथ टैगोर ने इस जुलूस का एक चित्र अपने संस्मरण में बनाया है। इस चित्र में रवीन्द्रनाथ टैगोर जुलूस की अगुआई कर रहे हैं।[11] टैगोर ने सन् 1905 में अपने कुछ गीतों में 'वंदे मातरम्' का एक टेक या कहें कि लगभग नारे के रूप में इस्तेमाल किया।[12] कहने की जरूरत नहीं कि इस दौर में टैगोर के अपने 'स्वदेशी' गीत भी राष्ट्रवादी चेतना को जगाने में महत्त्वपूर्ण साबित हुए। इन गीतों में 'आमार सोनार बांग्ला' भी शामिल है जो आगे चलकर बाँग्लादेश का राष्ट्रीय गीत बना। लेकिन, रवीन्द्रनाथ टैगोर ने 1905-08 के स्वदेशी आंदोलन में 'वंदे मातरम्' गीत और नारे को लोकप्रिय बनाने में भी महत्त्वपूर्ण भूमिका निभायी।

बंगाल में इस गीत का भावनात्मक प्रभाव गहरा हुआ और यह गीत सामान्य राष्ट्रीय गीतों से कहीं ज्यादा अच्छा माना जाने लगा। यहाँ हमें एक नई प्रौद्योगिकी पर भी ध्यान देना होगा। सन् 1906 में पेथेफोन नाम की ग्रामोफोन कंपनी नए किस्म के रिकॉर्ड लेकर आयी जो पुराने एडिसन टाइप रिकॉर्ड से बेहतर थे। इस कंपनी ने अपनी खूबी बखानते हुए यह भी कहा कि हमने 'वंदे मातरम्' का भी रिकार्ड तय किया है :

> गीत को रिकॉर्ड करने की नई तकनीक इतनी सफल सिद्ध हुई है कि आपको लगेगा मानो आप संगीतकार के पास बैठे हों। खुद ही परखिए...'वंदे मातरम्' को। बंगाल के गौरव, अमर बंकिम चंद्र का हिला देने वाला राष्ट्रीय गीत। और फिर, इसके गायक खुद रवि बाबू (रवीन्द्रनाथ टैगोर) जो हैं।[13]

पेथेफोन के कलकत्ता के एक सहयोगी के पुत्र एच. बोस के अनुसार पुलिस ने उनकी दुकान की तलाशी ली थी और इस गीत के रिकार्ड को नष्ट कर दिया था।[14] गीत का सिर्फ एक रिकॉर्ड बचा रह गया था और इसी से सन् 1966 में इंदिरा गांधी की पहल पर प्रतिलिपियाँ बनीं।[15] अब इस गीत की प्रतियाँ बाजार में उपलब्ध हैं।

सन् 1905 में भारतीय राष्ट्रीय कांग्रेस का अधिवेशन बनारस में

हुआ। इस अधिवेशन में भी 'वंदे मातरम्' का गायन हुआ। इस घटना से भी गीत के प्रसार में मदद मिली। कांग्रेस के अध्यक्ष जी. के. गोखले ने एक बंगाली महिला सरलादेवी चौधुरानी से 'वंदे मातरम्' गाने का अनुरोध किया। सरलादेवी टैगोर की भतीजी थीं। इनकी शादी लाहौर के रामभज दत्त चौधरी से हुई थी। रामभज दत्त एक राष्ट्रवादी उर्दू साप्ताहिक के संपादक थे। उन्होंने अपनी आत्मकथा में लिखा है :

> शादी के बाद एक अवसर पर मैं बनारस-कांग्रेस के अधिवेशन में मैं सभा-कक्ष के ऊपरी गलियारे में स्त्रियों के साथ बैठी थी।...बड़े अनपेक्षित रूप से सदन से आवाज आयी कि मुझसे 'वंदे मातरम्' गीत गाने को कहा जाय...कुछ ही दिनों पहले बंगाल में कुछ जगहों पर मजिस्ट्रेट के आदेश से सार्वजनिक सभाओं में इस गीत के गायन पर प्रतिबंध लगा दिया गया था। गोखले सजग आदमी थे। उन्होंने मुझे एक चिट लिखकर भेजी कि तुम्हें गीत गाना है लेकिन समय को ध्यान में रखकर कुछ ही हिस्सा गाना। मैं समझ नहीं पायी कि वे किस हिस्से को गवाना नहीं चाहते थे इसलिए मैंने बीच का अंतरा छोड़ दिया और गीत के उस हिस्से पर आ गयी जहाँ 'सात करोड़' का जिक्र है, मैंने यहाँ 30 'करोड़' कहा... ।[16]

इस अंतिम पंक्ति से पता चलता है कि सरलादेवी ने बंकिम की मूल रचना में थोड़ा बदलाव कर दिया था। मूल गीत में सात करोड़ जनता का जिक्र है क्योंकि बंकिम ने सन् 1872 की बंगाल की जनगणना का इस्तेमाल किया था। जब सरलादेवी ने यह गीत गाया उस समय नवीनतम जनगणना के अनुसार भारत की जनसंख्या 30 करोड़ थी। इस कारण उन्होंने 'सप्तकोटी' के स्थान पर 'त्रिदश कोटी' कर दिया। राष्ट्रीय महत्त्व के इतने बड़े जलसे में इस गीत के गायन ने इसे बड़ी ऊँचाई पर पहुँचा दिया। दरअसल, यह पहले ही इतनी ऊँचाई पा चुका था कि दक्षिण अफ्रीका में एक व्यक्ति को यह कहना पड़ा : कहा जाता है कि यह गीत बहुत लोकप्रिय हो चुका

है और हमारे राष्ट्रगान के समान है...जैसे हम अपनी माता की पूजा करते हैं वैसे ही यह आवेगपूर्ण गीत भारत की प्रार्थना है।' यह टिप्पणी मोहनदास करमचंद गांधी ने 'इंडियन ओपीनियन' के 2 दिसंबर, 1905 वाले अंक में की।[17] सन् 1906-07 के समय किशोरवय के गोविन्द वल्लभ पंत ने इलाहाबाद में अपनी अभ्यास पुस्तिका में इस गीत की नकल की। उन्होंने इस गीत को आधार मानकर कुमाऊँनी में एक गीत लिखा। पंत के जीवन की यह पहली डायरी उनके निजी दस्तावेजों में बची रह गयी है।

'वंदे मातरम्' प्रसिद्धि के शिखर पर तो पहुँच रहा था लेकिन इस तथ्य के बावजूद, बीसवीं सदी के प्रारंभिक दशकों में हमें इस गीत के विरोध के लक्षण भी देखने को मिल जाते हैं। पुलिस के खुफिया विभाग के रिकॉर्ड से जब-तब इस बात की निशानदेही होती है। स्वदेशी आंदोलन के आरंभिक दिनों यानी सन् 1906-07 से ही इस बात के प्रमाण मिलने लगते हैं। मिसाल के तौर पर सन् 1906 में पूर्वी बंगाल के जिले बारीसाल में थोड़ी गड़बड़ी हुई क्योंकि 'हिंदुओं का एक जुलूस 'वंदे मातरम्' कहते हुए मस्जिद के सामने से गुजरा। नमाज अदा कर रहे मुसलमानों ने इसका विरोध किया लेकिन जुलूस का नारा लगाना जारी रहा।'[18] रिपोर्ट में साधारण ढंग से यह बात भी नोट की गई कि 'अपने ऊपर पड़ रहे दबाव के कारण मुसलमानों के तेवर बदल रहे हैं' और 'मुफस्सिल हाट में बॉयकॉट जारी है। यहाँ बॉयकॉट से आशय विदेशी वस्तुओं के बहिष्कार से है, खासकर मैनचेस्टर के कपड़े के बहिष्कार से। स्वदेशी आंदोलन में मैनचेस्टर के कपड़ों का बहिष्कार किया गया था। सन् 1907 में पूर्वी बंगाल की सरकार ने इस बात को नोट किया कि बहिष्कार की इन गतिविधियों में मुसलमान भागीदारी नहीं कर रहे हैं और कांग्रेस की बैठकों में भी शामिल नहीं हो रहे।[19] मैमन सिंह जिले में हुए सांप्रदायिक संघर्ष और इसके फलस्वरूप आस-पास के जिलों में पैदा हुई अफरा-तफरी में यह भी एक कारण रहा होगा।[20] इस साल धूमिल-से लाल कागज

पर एक अनाम पर्चा बाँग्ला में छपा। यह पर्चा मुसलमानों में बँटा जिसमें कहा गया था : 'एक भी मुसलमान हिंदुओं के स्वदेशी आंदोलन में शामिल न हो...मुसलमान भाइयो! 'वंदे मातरम्' गाना बंद करो।' इस 'लाल पर्चे' पर कुछ लोगों का ध्यान गया क्योंकि अंग्रेजी के अखबारों ने इसकी खबर छाप दी थी। भारत के सेक्रेटरी ऑव स्टेट से 16 जुलाई, 1907 को हाउस ऑव कॉमंस में सवाल पूछा गया कि क्या सन् 1907 के शुरुआती दिनों में हुई सांप्रदायिक गड़बड़ी का मुख्य कारण यही पर्चा था? इसका उत्तर 'ना' में दिया गया जो संभवतया सही भी था।[21]

पुलिस की रिपोर्ट थी कि ढाका जिले में स्वदेशी आंदोलनकारी दुकानों के सामने 'राष्ट्रीय गीत गाते हुए और 'वंदे मातरम्' का नारा लगाते हुए' खड़े थे जिससे 'मुसलमानों ने उत्तेजित होकर हमला' किया। यहाँ कहा जा सकता है कि मुसलमान अब इस नारे को सुनकर प्रतिकार करने लगे थे। इस बात की सूचना पुलिस की रिपोर्ट से मिलती है।[22] बीसवीं सदी के शुरुआती दशकों में 'स्वदेशी आंदोलन के विचारों की अपील मुसलमानों में बहुत कम थी। इस तथ्य की व्याख्या यह कहकर की जाती है कि 'ग्रामीण इलाके के मुस्लिम समाज में हिंदू-विरोधी पुनरुत्थानवाद पहले ही पनप चुका था।' और 'पूर्वी बंगाल की सरकार की घोषित नीति सरकारी सेवाओं में हिंदुओं की जगह मुसलमानों को वरीयता' देने की थी इसलिए शिक्षित मुसलमान बंगाल-विभाजन के पक्ष में थे।[23] बीसवीं सदी के पहले दो दशकों में हमें मुसलमानों द्वारा 'वंदे मातरम्' के विरोध की छिटपुट खबरें मिलती हैं। सन् 1920 के दशक में एक नई बात सामने आती है। इस दशक में मुसलमानी नजरिए से विचारधारात्मक शब्दावली में बंकिमचंद्र और उनकी रचनाओं की समीक्षा की जाती है।

'वंदे मातरम्' की हैसियत को राष्ट्रीय गीत की ऊँचाई तक ले जाने की सबसे ज्यादा तरफदारी 'विप्लवी' अथवा उग्र राष्ट्रवादी कर रहे थे। 'विप्लवियों' के बीच मुसलमानों का नकार इतना ज्यादा था

कि कोई भी बड़ी आसानी से इसे उनका सिद्धांत समझ सकता है। 'अनुशीलन समिति' के उद्देश्यों से संबंधित एक पुस्तिका में इस सवाल पर विचार किया गया। इस गोपनीय दस्तावेज को पुलिस ने जब्त कर लिया। इस दस्तावेज से उग्र राष्ट्रवादियों की प्रवृत्ति का पता चलता है। दस्तावेज में सवाल किया गया है : 'मुसलमानों को (अनुशीलन समिति में) क्यों नहीं रखा जाता?' इसका उत्तर देते हुए कहा गया है कि समिति का सदस्य बनते समय जो शपथ उठायी जाती है वह हिंदुओं के लिए धार्मिक शपथ है लेकिन मुसलमानों के लिए नहीं। यह उत्तर एक बहानाबाजी जान पड़ता है। असली कारण मुसलमानों के प्रति पूर्वग्रह रहा होगा। विप्लवियों की इस पुस्तिका में यह भी कहा गया है : यह नहीं कहा जा सकता है कि हर मुसलमान अपने तईं (उग्र राष्ट्रवादियों के प्रति) वैर-भाव रखता है, मुसलमानों में भी बहुत-से लोग इमानदार और 'स्वदेशी' हैं।' लेकिन, विप्लवी सामूहिक रूप से मुसलमानों को अपने प्रति वैर-भाव रखने वाला मानते थे।[24] उपर्युक्त बातों तथा कुछ अन्य अनुच्छेदों से जाहिर हो जाता है कि 'विप्लवी' दायरे में मुसलमानों के प्रति पूर्वग्रह भरा था और इन पूर्वग्रहों के कारण उनका मंत्र 'वंदे मातरम्' मुसलमानों को नहीं जँच पाया।

'विप्लवियों' के लेखन में जब-तब मुस्लिम भावनाओं को पुचकारा गया है। अरविंद घोष द्वारा स्थापित एक पत्रिका 'संध्या' के जून, 1907 वाले अंक में कहा गया :

> हम लोग भारतमाता के सभी पुत्रों के लिए स्वराज चाहते हैं...और इस कारण हम मुसलमानों की कीमत पर हिंदुओं के हितों अथवा हिंदुओं की कीमत पर मुसलमानों के हितों को बढ़ावा नहीं दे सकते। हम चाहते हैं कि हिंदू और मुसलमान दोनों साथ मिलकर एक लय और संगति में यह स्वराज लायें।[25]

जुगान्तर' नाम की पत्रिका ने 1907 के नवम्बर में अपने संपादकीय में लिखा कि आजादी की लड़ाई में एक बाधा शासकों की

'हिंदू और मुसलमान को बाँटकर रखने की नीति है। हम, दोनों ही जातियों को यह समझना चाहिए कि हिंदू और मुसलमान दोनों ही पराधीन हैं। दोनों के दुख बराबर हैं...हमें अब आपस में नहीं झगड़ना चाहिए।[26] सन् 1907 में पूर्वी बंगाल में सांप्रदायिक दंगे हुए थे और ये बातें उसी संदर्भ में लिखी जा रही थीं। बहरहाल, अनुशीलन समिति, जुगांतर-समूह आदि की सदस्यता से मुसलमानों को बड़े कायदे से बाहर रखा गया और इसका प्रभाव राष्ट्रवादी मुसलमानों के मन पर पड़ा। 'वंदे मातरम्' गीत के कुछ अंतरों की प्रकृति भी ऐसी थी कि बहुत-से मुसलमान उग्र राष्ट्रवादी समूहों का समर्थन नहीं कर सके। भारतीय कम्युनिस्ट पार्टी के संस्थापकों में से एक मुजफ्फर अहमद ने अपनी आत्मकथा में लिखा है कि 'बंकिम का उपन्यास 'आनंदमठ' आदि से अंत तक सांप्रदायिक विद्वेष से भरा हुआ है' और 'वंदे मातरम्' 'किसी मुस्लिम लड़के को, जो (लालन-पालन की वजहों से) एकेश्वरवादी होता है, स्वीकार नहीं हो सकता, जैसे मुझको।'[27]

इस तरह यह बात प्रकट है कि स्वदेशी आंदोलन के शुरुआती सालों (1905-1908) में ही मुस्लिम समुदाय के एक तबके में 'वंदे मातरम्' को लेकर विरोधभाव जाग चुका था। बहरहाल, यह विरोधभाव मुख्यतया बाजार या मस्जिद के आस-पास गड़बड़ी मचाने तथा बंगाल-विभाजन के विरोधी आंदोलनकारियों के प्रति सहानुभूति के अभाव के कारण था। 20वीं सदी के दूसरे दशक से सार्वजनिक जीवन में सक्रिय महत्त्वपूर्ण मुस्लिम नेताओं ने गीत की 'मूर्तिपूजक' प्रकृति, 'वंदे मातरम्' के बिम्ब-विधान और अलंकृति की आलोचना आरंभ कर दी। गीत की इस आलोचना ने सन् 1920 के दशक की मुस्लिम पत्र-पत्रिकाओं में ठोस रूप धारण किया। सन् 1920 में प्रकाशित बंगाली पत्रिका 'इस्लाम-दर्शन' का मत था कि 'अल्लाह के इस एकमात्र और सर्वोच्च कलीमा अल्लाह-ओ-अकबर' को जब हिंदुओं की मातृभूमि के वंदना-गीत के तुल्य ठहराया जाता है तो 'वंदे मातरम्' पर आपत्ति की जाती है—यह तो मुसलमानों को कुफ्र की

तरफ ढकेलने की तरकीब है।'[28] इसी किस्म की एक पत्रिका *शरीअत-ए-इस्लाम* में सन् 1928 में लिखा गया : 'हम आपको शरीअत की याद दिलाना चाहते हैं कि 'वंदे मातरम्' कहना मुसलमानों के लिए जायज नहीं है।'[29] मध्यवर्गीय मुसलमानों की राय बंकिम के बारे में अत्यधिक आलोचनात्मक हो गई। बंकिम के कथा-साहित्य में ऐसा है भी बहुत कुछ जिस पर आपत्ति उठाना लाजिमी था। मुस्लिम प्रेस की राय थी कि बंकिम 'तहे दिल से मुसलमानों से नफरत करते थे' (1918)[30] और उन्होंने 'अपनी घनघोर सांप्रदायिक घृणा' के कारण 'एक बड़े समुदाय को हमेशा के लिए अलग-थलग कर दिया' (1920)।[31] तथा उनकी रचनाओं में 'बड़े नाजायज ढंग से मुसलमानों को कलंकित' किया गया है (1925)।[32] बाँग्ला भाषा के मुस्लिम साहित्यिक पत्रिकाओं में बंकिम का मूल्यांकन जिस तरह किया गया उसकी एक झलक ऊपर के उदाहरणों में देखी जा सकती है। इस मूल्यांकन का प्रभाव बंकिम की सर्वाधिक प्रसिद्ध रचना 'वंदे मातरम्' पर भी पड़ा।

सन् 1935 के गवर्नमेंट ऑव इंडिया एक्ट के लागू होते ही मुस्लिम लीग और कांग्रेस के समर्थकों के बीच युद्ध की रेखा खिंच गई। राजनीतिक दलों के बीच चुनावी मुकाबले ने खुद ही इस स्थिति को तैयार करने में उत्प्रेरक की भूमिका निभाई। कांग्रेस ने 'मुस्लिम मास कांटैक्ट' नाम से जनसंपर्क अभियान चलाया था। इसने भी इसमें अपना योगदान दिया। यह अभियान 'लीग' के एकाधिकार पर चुनौती के समान जान पड़ा।

नेहरू ने सन् 1937 में प्रेस को दिए गए एक बयान में कहा : 'हम लोग मुस्लिम जनसमुदाय से संपर्क कायम करने की बात कह रहे हैं। यह हमारे लिए कोई नया कार्यक्रम नहीं है, भले ही जोर कुछ नया हो...यह बात जरूर याद रखी जानी चाहिए कि कांग्रेस में हमेशा ही बड़ी संख्या में मुसलमान शामिल रहे हैं...हमारे कुछ सर्वाधिक महत्त्वपूर्ण राष्ट्रीय नेता मुसलमान रहे हैं और हैं। लेकिन यह बात भी सच है कि हाल के वर्षों में हम लोगों ने मुस्लिम

जनसमुदाय की उपेक्षा की है। हम इस कमी को दूर करना चाहते हैं और कांग्रेस के संदेश को उन तक पहुँचाना चाहते हैं। दूसरे लोगों को इस पर एतराज क्यों हो रहा है?'[33] इस घोषणा के साथ यह आश्वासन भी जुड़ा हुआ था कि 'कांग्रेस एक राजनीतिक संगठन है और धर्म अथवा उससे जुड़े मामलों से इसका लेना-देना नहीं है।'

मुस्लिम जनसमुदाय से संपर्क का अभियान मुख्यतः नेहरू की योजना थी। इसमें छुपे तौर पर मुस्लिम लीग के लिए एक चुनौती थी। इससे बहस के अब तक जारी मुद्दों पर दोनों पक्ष का रवैया कठोर हो गया। इनमें 'वंदे मातरम्' की हैसियत का भी मुद्दा शामिल था। अखिल भारतीय कांग्रेस कमिटी के दस्तावेजों में हमें प्रसिद्ध इतिहासकार के. एम. अशरफ की एक रिपोर्ट मिलती है। उस समय अशरफ कांग्रेस के युवा कार्यकर्त्ता थे। यह रिपोर्ट युक्त प्रांत के कांग्रेस कमिटी के सचिव महावीर त्यागी को लिखी गई है। रिपोर्ट में कहा गया है कि मुस्लिम कांग्रेसियों की 'आम शिकायत' के मद्देनजर 'हमें हिंदू और मुसलमान दोनों की समझ में आने लायक तथा स्वीकार करने योग्य राष्ट्रीय गीत और झंडा-गीतों को चुनने के लिए एक समिति नियुक्त करनी चाहिए।[34] संभवतः मुस्लिम समुदाय की भावनाओं को भाँपकर उस वक्त यह बात अशरफ ने लिखी थी। नेहरू ने सुभाषचंद्र बोस को सन् 1937 में 'वंदे मातरम्' को लेकर हो रहे विरोध' के बारे में लिखा। नेहरू का मानना था कि यह सब 'एक हद तक सांप्रदायिक तत्त्वों का किया-कराया है। लेकिन, इसके साथ-साथ इसमें कुछ दम भी नजर आ रहा है क्योंकि सांप्रदायिक रुझान रखने वाले लोग इसके असर में हैं। चाहे जो हो, इसमें हम कुटनपन का काम तो खैर नहीं कर सकते लेकिन अगर कहीं वास्तविक शिकायतें हैं तो उनको दूर करने का काम किया जा सकता है।'[35] पर्याप्त मुस्लिम आबादी वाले प्रांत के चतुर नेता राजेंद्र प्रसाद ने वल्लभ भाई पटेल को खबरदार करते हुए लिखा : 'वंदे मातरम्' का कुछ मुसलमान इस आधार पर विरोध कर रहे हैं कि यह गीत एक हिंदू देवी की स्तुति है' और यह मूर्तिपूजा के समान है

जिस पर कोई मुसलमान कभी राजी नहीं हो सकता। ऐसे कुछ मुसलमान जरूर हैं जो मसले पर इस ढंग से नहीं सोचते लेकिन यह बात तय है कि वे इस गीत को राष्ट्रीय गीत के रूप में स्वीकार नहीं करेंगे।'...

हम पिछले अध्याय में यह देख चुके हैं कि 'वंदे मातरम्' को लेकर उठे हंगामे की सीरत क्या थी। अखिल भारतीय कांग्रेस कमिटी इस बात को लेकर सजग थी और सुभाषचंद्र बोस ने 'वंदे मातरम्' की हिफाजत में अपनी त्योरियाँ चढ़ा ली थीं। उन्होंने 'विश्व-भारती न्यूज' में प्रकाशित एक लेख का विरोध करते हुए रवीन्द्रनाथ टैगोर को (16 अक्तूबर, 1937) लिखा। लेख कृष्ण कृपलानी का था। कृपलानी टैगोर के करीबियों में थे। इनका ब्याह टैगोर-परिवार में हुआ था। कृपलानी विद्वान व्यक्ति थे और उन्होंने अपने लेख में 'वंदे मातरम्' की संकीर्ण मानसिकता पर आलोचनात्मक टिप्पणी की थी। सुभाषचंद्र बोस ने टैगोर से स्पष्टीकरण लिखने का अनुरोध करते हुए पूछा कि क्या कृपलानी के विचार विश्वभारती के भी विचार हैं? बोस ने टैगोर को लिखा था : आपको लिखते समय मेरे मन में जवाहरलाल जी को भी लिखने का विचार आ रहा है...कांग्रेस के दायरे में 'वंदे मातरम्' को लेकर चर्चा चल रही है। 26 अक्तूबर (1937) को कांग्रेस कार्य-समिति कलकत्ता की बैठक में इस मसले पर अपनी बात रखेगी। शायद समिति (इस) गीत को छोड़ देने का फैसला करे। मैं इस मुद्दे पर आपकी राय से वाकिफ नहीं हूँ और इसी कारण आपको लिख रहा हूँ। बंगाल और बंगाल से बाहर के हिंदुओं में बड़ी उत्तेजना है और मैं आपको, अपने बहुत-से मित्रों की सलाह पर लिख रहा हूँ।[36]

सुभाषचंद्र बोस ने खुद भी रामानंद चट्टोपाध्याय जैसों से जोड़ बैठाने के लिए बहुत हाथ-पैर मारे थे। रामानंद चट्टोपाध्याय *मॉडर्न रिव्यू* के ख्यातिप्राप्त संपादक और महात्मा गांधी के मित्र थे। बोस ने टैगोर और रामानंद, दोनों से इस मसले पर गांधी और नेहरू को लिखने का अनुरोध किया।

इसी बीच, नेहरू ने रवीन्द्रनाथ टैगोर से सलाह लेने का फैसला किया। नेहरू ने 'आनंदमठ' को अभी हाल ही में पढ़ा था। कांग्रेस कार्य-समिति की बैठक से केवल छह दिन पहले, 20 अक्तूबर 1937 को नेहरू ने लिखा : मुझे 'आनंदमठ' का अंग्रेजी अनुवाद मिल गया है और फिलहाल मैं गीत की पृष्ठभूमि को जानने के लिए इसे पढ़ रहा हूँ। जान पड़ता है कि इस पृष्ठभूमि से मुसलमानों में चिढ़ पैदा होगी।'[37] नेहरू को 'आनंदमठ' की भाषा भी कठिन प्रतीत हुई। उन्होंने इसी पत्र में लिखा–'मैं इसे शब्दकोश की सहायता के बिना नहीं समझ पाया।' अनिश्चय की दशा में नेहरू ने 'गुरुदेव' की शरण में जाना बेहतर समझा। उन्होंने सुभाष बोस को उत्तर दिया कि मैं 'वंदे मातरम्' पर डॉ. टैगोर से चर्चा करूँगा।'[38]

सलाह माँगने पर टैगोर ने तीन बातें बतायीं। उन्होंने कहा कि मैं गीत के पहले दो 'अंतरे' पूरी तरह स्वीकार करने के पक्ष में हूँ लेकिन बाद के 'अंतरों' में व्यक्त भाव से सहमत नहीं हूँ। टैगोर ने नेहरू को पत्र में लिखा :

> इसके (गीत के) पहले हिस्से में व्यक्त कोमल भाव और भक्तिपूर्ण भावनाएँ, तथा मातृभूमि के सुंदर-शिवम् पक्ष पर इसका जोर मेरे लिए विशेष महत्त्व रखते हैं। यह महत्त्व इतना गहरा है कि इस हिस्से को कविता के शेष हिस्से तथा पुस्तक के उन अंशों से अलग करने में मुझे कठिनाई नहीं होती जिसका यह अंग है। मेरा पालन-पोषण पिता के एकेश्वरवादी आदर्शों के बीच हुआ है और इन अंशों में व्यक्त भाव से मेरी सहानुभूति नहीं हो सकती।[39]

टैगोर ने यह भी याद दिलाया कि यह गीत ऐतिहासिक रूप से राष्ट्रीय आंदालन से जुड़ा है। उन्होंने लिखा कि 'कलकत्ता-कांग्रेस की सभा के सामने' मैंने ही 'इसे पहली बार गाया था'–संभवतया सन् 1896 में। उन्होंने याद दिलाया कि सन् 1905 के बंगाल-विभाजन के खिलाफ 'जनता की इच्छा की अभिव्यक्ति के कठिन संघर्ष के एक मार्मिक दौर में' कैसे 'वंदे मातरम्' ने 'राष्ट्रगान का रूप ले लिया

था।' उन्होंने पत्र में याद दिलाया कि 'होनहार युवकों के विस्मयकारी बलिदान' से जुड़कर यह गीत राष्ट्रीय गीत में बदल गया। इस क्रम में टैगोर ने तीसरी बात यह कही कि इस कविता का 'आनंदमठ' से रिश्ता सांयोगिक है लेकिन उपन्यास की कथावस्तु के संदर्भ में इस कविता से मुसलमानों की भावनाओं को चोट पहुँचती है–खासकर जब आप इस कविता को उसकी समग्रता में देखें। टैगोर ने अपनी शैली के विपरीत एक जटिल वाक्य में अपने विचार रखे थे :

> मैं इस बात को मुक्तभाव से स्वीकार करता हूँ कि बंकिम की पूरी 'वंदे मातरम्' कविता अगर अपने संदर्भ के साथ पढ़ी जाय तो इसकी व्याख्या इस तरह से हो सकती है कि उससे मुसलमानों की भावनाओं को चोट पहुँचे लेकिन इसी कविता से स्वतःस्फूर्त भाव से निकला हुआ राष्ट्रीय-गीत, जिसमें मूल कविता के दो अंतरे भर हैं–हमें हमेशा पूरी कविता की याद नहीं दिलाता और उस कथा की याद तो शायद ही आती है, जिसका इसके साथ आकस्मिक रूप से जुड़ाव हो गया। इस कविता ने अलग से अपनी निजता तथा प्रेरणाप्रद महत्त्व प्राप्त कर लिया है, जिससे मुझे नहीं लगता कि किसी संप्रदाय या समुदाय को चोट पहुँचती हो।[40]

कई मायनों में यह एक महत्त्वपूर्ण पत्र था। टैगोर ने कविता के दो अंतरों को शेष कविता से अलगाया। उन्होंने कविता के निजी अर्थ और उपन्यास के संदर्भ के बीच पैदा होने वाले अर्थ के बीच अंतर किया। कोई रचना लोगों की कल्पना में जो महत्त्व अख्तियार करती है और मूल संदर्भ में उसका जो महत्त्व होता है–टैगोर ने इसके बीच भी भेद किया। इन विचारों के सरलतम तथा पहले भाग को कांग्रेस कार्य-समिति ने सन् 1937 के अक्तूबर में राजी-खुशी स्वीकार कर लिया।

जवाहरलाल नेहरू ने इस संदर्भ में जो प्रस्ताव तैयार किया वह अखिल भारतीय कांग्रेस कमेटी के दस्तावेजों में बचा रह गया है। इसमें वे हिस्से मिल जाते हैं जिसे समिति ने हटा दिया था। मूल

प्रस्ताव में एक अनुच्छेद ऐसा है जिससे साहित्यिक अर्थबोध की झलक मिलती है जो अमूमन राजनीतिक दस्तावेजों में देखने को नहीं मिलता : 'यह बात जाहिर है कि महान गीत और गान आदेश के बूते नहीं हासिल किए जा सकते। ये गीत तभी मिलते हैं जब प्रतिभा-पुत्रों की ऐसी इच्छा होती है और ये गीत मिल भी जाएँ तब भी उन्हें जनता की सहमति माँगनी होती है।'[41] राष्ट्रगान का दर्जा देने से पहले हमें इंतजार करना होगा कि 'इस तरह का कोई गीत अपनी गुणवत्ता, लोकप्रियता तथा इस लोकप्रियता से आ जुड़ने वाली भावनाओं के आधार पर खुद को इस लायक साबित करे।' यह अंश दस्तावेज से हटा दिया गया। दरअसल, इन पंक्तियों में व्यक्त भावनाओं के विपरीत कार्य-समिति ने फैसला लिया कि 'जिनकी रुचि हो वे अपनी रचनाएँ' कार्य-समिति द्वारा गठित 'उप-समिति के पास भेजें' ताकि इन रचनाओं में से राष्ट्रीय गीतों का चयन किया जा सके।[42] कार्य-समिति के लंबे और शब्दों की भरमार से दबे प्रस्ताव के मुख्य हिस्से में कहा गया था :

> कार्य-समिति का मानना है कि अपने पिछले जुड़ाव, भारत–भक्ति के लिए दुख उठाने के लंबे रिकॉर्ड तथा लोकप्रियता के कारण गीत के पहले दो अंतरे हमारे राष्ट्रीय आंदोलन के अभिन्न अंग बन गए हैं और इस रूप में वे हमारे प्रेम तथा सम्मान के हकदार हैं। इन अंतरों में ऐसा कुछ भी नहीं है कि उन पर कोई आपत्ति जताये। गीत के शेष अंतरे प्रसिद्ध नहीं हैं और उन्हें शायद ही कभी गाया जाता है। उनमें थोड़ी सांकेतिकता और धार्मिक विचारधारा का समावेश है जो संभवतः भारत के अन्य धर्म-समूहों के मेल में नहीं है।
>
> समिति इस गीत के कुछ हिस्सों पर मुस्लिम मित्रों द्वारा उठायी गई आपत्ति को जायज मानती है। समिति इस बात को स्वीकार करती है कि इन आपत्तियों का अंदरूनी महत्त्व है लेकिन समिति इस बात की तरफ भी ध्यान दिलाना चाहती है कि राष्ट्रीय आंदोलन के शक्ल अख्तियार करने से पहले लिखे

गए एक ऐतिहासिक उपन्यास के भीतर इस गीत की मौजूदगी से अनंत गुणा ज्यादा महत्त्व राष्ट्रीय जीवन के एक हिस्से के रूप में इस गीत के आधुनिक विकास का है। इन सारी बातों पर विचार करते हुए समिति की सिफारिश है कि किसी राष्ट्रीय बैठक में जब भी 'वंदे मातरम्' गाना हो तो उसके पहले दो अंतरे गाये जाएँ और बैठक के आयोजक को इस बात की पूरी आजादी है कि वह 'वंदे मातरम्' की जगह अथवा उसके अतिरिक्त अनापत्तिजनक कोई और गीत गवाये।

कार्य-समिति के प्रस्ताव का आमुख स्वयं जवाहरलाल ने तैयार किया और आमुख में लिखी गई पंक्तियों ने कार्य-समिति के घिसे-पिटे विचारों का मानो एक तरह से उद्धार किया :

'वंदे मातरम्' शक्ति का नारा बन गया है जिससे हमारी जनता को प्रेरणा मिलती है। यह अभिवादन का मुहावरा बन गया है जो हमें राष्ट्रीय स्वतंत्रता के अपने संघर्ष की याद दिलाता है।...गीत के दो अंतरे धीरे-धीरे (बंगाल से) शेष प्रांतों में फैल गए और इनके साथ एक राष्ट्रीय महत्त्व जुड़ गया। गीत का बाकी हिस्सा कभी-कभार ही उपयोग में आता है और अब भी उसे कुछ ही लोग जानते हैं। इन दो अंतरों में भावपूर्ण भाषा में मातृभूमि के सौंदर्य तथा उसके वैभव का वर्णन किया गया है...यह गीत किसी समूह अथवा समुदाय को चुनौती देने के लिए हिंदुस्तान में कभी नहीं गाया गया, न ही इसको इस रूप में देखा गया अथवा यह माना गया कि इससे किसी समुदाय की भावनाओं को चोट पहुँचेगी।...कांग्रेस ने कभी भी इस गीत को अथवा किसी दूसरे गीत को भारत के राष्ट्रगान के रूप में स्वीकार नहीं किया लेकिन गीत की लोकप्रियता के कारण उसे विशेष तथा राष्ट्रीय महत्त्व हासिल हो गया।[43]

इस तरह कांग्रेस में जारी बहसों के परिणामस्वरूप 'वंदे मातरम्' के पहले दो अंतरों को राष्ट्रीय बैठकों में गाये जाने के लायक मान

लिया गया। इसके साथ-साथ यह भी स्वीकार किया गया कि इसके बदले में कोई और अनापत्तिजनक गीत गाया जा सकता है। ऐसे गीतों के चयन के लिए एक उप-समिति बनी। अब्दुल कलाम आजाद, जवाहरलाल नेहरू, सुभाषचंद्र बोस और नरेन्द्रदेव इस समिति के सदस्य थे। एक नियम यह भी तय हुआ कि यह समिति गीतों के चयन में रवीन्द्रनाथ टैगोर से सलाह लेगी। यहाँ हम देख सकते हैं कि नौकरशाही की निगहबानी उस संवेदना से कहीं ज्यादा है जिसकी कोई साहित्य-रचना माँग करती है।

जहाँ तक नेहरू का सवाल है, इस मसले का यह नौकरशाहाना समाधान संभवतया उन्हें संतोषजनक नहीं लगा। उन्होंने उर्दू के मशहूर शायर अली सरदार ज़ाफरी को लिखा : '...महान गीत और गान किसी हुक्म के बूते हासिल नहीं किए जाते। इसके लिए प्रतिभा-पुत्रों की जरूरत होती है'।[44] नेहरू को गीत की ऐतिहासिकता का भी भान था। उन्होंने लिखा–'तीस साल पहले यह गीत और यह नारा एक आपराधिक कृत्य था। इसने ब्रिटिश साम्राज्यवाद के लिए एक चुनौती का रूप ले लिया था...इस स्थिति में यह भारत के राष्ट्रवाद का प्रतीक बन गया।' नेहरू ने सरदार जाफरी को यह भी कहा कि 'गीत में ज्यादा ही कठिन शब्द हैं जिसे लोग समझ नहीं पाते और गीत में व्यक्त विचार राष्ट्रवाद तथा प्रगति की आधुनिक धारणाओं की संगति में नहीं हैं।' इस तरह नेहरू विक्षुब्ध थे। सुभाषचंद्र बोस को तो खैर, कार्य-समिति का यह समझौतापरस्त समाधान संतोषजनक लग ही नहीं सकता था। रवीन्द्रनाथ टैगोर की प्रसिद्धि पर भी थोड़े दिनों के लिए बंगाल में ग्रहण लगा। अखबारों ने रवीन्द्रनाथ टैगोर के पहले मत को प्रकाशित कर दिया था कि गीत के पहले दो अंतरे ही स्वीकार किए जाने लायक हैं। संभवतया टैगोर ने यह विचार कांग्रेस की कमिटी के फैसले की हिफाजत में व्यक्त किया था। बंगाल में यह विचार बड़ा अलोकप्रिय साबित हुआ। उन्होंने कवि बुद्धदेव बोस को बड़ी कटुता से लिखा : 'मैं जब से बंगाल में पैदा हुआ हूँ मेरा नाम बार-बार उछाला जाता रहा है, जैसे

अपनी जन्मभूमि की यह कोई चिर-परिचित बयार हो। मैंने कोई शिकायत या विरोध दर्ज नहीं किया है। वे दिन गए जब मैं इन सब बातों की फिक्र किया करता था...।[45] यहाँ तक कि टैगोर के निकटतम् मित्र रामानंद चटर्जी भी इस मसले पर उनसे असहमत थे। रामानंद, टैगोर के समान ही ब्रह्मसमाजी विश्वासों के थे। वे एकेश्वरवादी थे और मूर्तिपूजा के विरोधी थे। लेकिन रामानंद की नजर में 'वंदे मातरम' न तो मूर्तिपूजा का व्यंजक था और न ही मुस्लिम-विरोधी। उन्होंने इस मसले पर 'मॉडर्न रिव्यू' में संपादकीय टिप्पणी की। 'वंदे मातरम्' को लेकर कार्य-समिति के बयान पर कुछ अखबारों ने बड़ी-बड़ी सुर्खियों में आरोप लगाए थे। नेहरू ने कलकत्ता में (30 अक्तूबर, 1937) इन आरोपों का खंडन किया। उन्होंने कहा कि कांग्रेस ने लीग के नेताओं द्वारा उठायी गयी आपत्ति के कारण गीत पर पुनर्विचार नहीं किया—कांग्रेस के पास इस आपत्ति का उत्तर देने के लिए पर्याप्त शक्ति है। कांग्रेस ने गीत पर पुनर्विचार इसलिए किया क्योंकि सावधानीपूर्वक परीक्षा करने पर 'हमें लगा कि एक-दो मामलों में आपत्तियाँ जायज हैं...इसमें (गीत में) कुछ शब्द ऐसे हैं जिन्हें कुछ लोग आपत्तिजनक मान सकते हैं।'[46] उन्होंने कहा कि कार्य-समिति का प्रस्ताव इस बात को स्वीकार करते हुए लाया गया है कि 'पहले दो अंतरों को छोड़कर गीत के बाकी हिस्से में विचारधारा, रूपक और बिम्बात्मकता आदि हैं जिससे विभिन्न समूहों के लोग सहमत नहीं हो सकते।'

कांग्रेस के प्रस्ताव को ज्यादातर एक रियायत के रूप में देखा गया। गीत पर आपत्ति जताने वाले लोग इससे संतुष्ट नहीं हुए। कांग्रेस के प्रस्ताव के सर्वव्यापी प्रचार के कुछ महीने बाद मार्च सन् 1938 में जिन्ना ने नेहरू को अपनी पुरानी टेक दुहराते हुए लिखा : 'पंडित जवाहरलाल नेहरू इस बात से नावाकिफ़ नहीं होंगे कि हर जगह के मुसलमानों ने 'वंदे मातरम्' अथवा उसके किसी संपादित अंश को राष्ट्रगान के रूप में स्वीकार करने से इंकार कर दिया है।'[47] पिछले

अध्याय में हम देख चुके हैं कि कांग्रेस और लीग के बीच गीत के मसले पर टकराव की स्थिति आ चुकी थी। कांग्रेस अक्तूबर 1937 के अपने प्रस्ताव को पूरी तरह खारिज करने पर तुली हुई थी।

इस स्थिति के मद्देनजर गाँधी ने वर्धा की बैठक में कार्य-समिति के सामने एक मसौदा पेश किया। यह मसौदा समिति के सदस्यों के बीच आगे की चर्चा के लिए जनवरी 1939 में बाँट दिया गया था। गांधी ने इस मसौदे के शीर्ष पर लिखा था–'अति गोपनीय, प्रकाशन के लिए नहीं।' गाँधी के इस मसौदे में 'वंदे मातरम्' को लेकर निम्नलिखित बातें कही गई थीं[48] :

> राष्ट्रीय गीत के रूप में लंबे समय से स्थापित 'वंदे मातरम्' के गायन के संबंध में आपत्तियों का अनुमान करते हुए कांग्रेस ने केवल उन अंतरों को राष्ट्रीय गीत के रूप में अपनाया है जिन पर धार्मिक अथवा किसी अन्य आधार पर संभवतया कोई आपत्ति नहीं की जा सकती। जो बैठक शुद्ध रूप से कांग्रेस की हो उसे छोड़कर, यह बात लोगों पर छोड़ देनी चाहिए कि वे इन अंतरों के गाये जाने पर खड़े होंगे या नहीं। लोकल बोर्ड और असेंबली की बैठकों में 'वंदे मातरम्' के गायन के समय सदस्यों का उपस्थित रहना अनिवार्य है। मौजूदा स्थिति में, इस चलन को समाप्त कर देना चाहिए।'[49]

इस तरह 'अनुमानित' आपत्तियों को आधार मानकर रियायत दी गई। दरअसल, जिन्ना और लीग के अन्य नेता पहले ही अपनी आपत्तियाँ साफ-साफ शब्दों में जता चुके थे। इस कारण, यह समझ पाना थोड़ा कठिन है कि कांग्रेस के बयान में इन आपत्तियों को अनुमानित क्यों बताया गया? यहाँ यह बात बिलकुल स्पष्ट है कि महात्मा गांधी इस महान गीत को राजनीति का मोहरा नहीं बनने देना चाहते थे। एक वैकल्पिक व्याख्या यह भी की जा सकती है कि गांधी सुलह करने के लिए इस सीमा तक तैयार थे कि उन्होंने विधायिकाओं और लोकल बोर्ड की बैठक तक में इस गीत को गाने से परहेज करने की सलाह दे डाली। इन दो व्याख्याओं में से पहली ज्यादा संगत जान

पड़ती है। सन् 1939 की जुलाई में गांधी ने 'हरिजन' में एक लेख इस संबंध में लिखा था। लेख में उन्होंने कहा कि 'वंदे मातरम्' एक शक्तिशाली युद्धघोष है और मैं अपनी 'नौजवानी के दिनों' में इस गीत से अभिभूत था। लेकिन, उन्होंने यह भी जोड़ा :

> मुझे कभी नहीं लगा कि यह एक हिंदू गीत है अथवा इसे सिर्फ हिंदुओं के लिए रचा गया है। दुर्भाग्य से हम अब दुर्दिन में जी रहे हैं। सारा तपा-तपाया खरा सोना आजकल मिट्टी-सा हो गया है। ऐसे समय में बुद्धिमानी यही है कि इसे खरे सोने के भाव से नहीं मिट्टी के ही मोल बेचा जाय। किसी मिली-जुली सभा में 'वंदे मातरम्' को गाने के सवाल पर मैं तनिक भी झगड़ा मोल लेना नहीं चाहता। यह गीत कभी भी निस्पन्द नहीं हो सकता। यह करोड़ों के हृदय में अंकित हो चुका है।[50]

गांधी के सहयोगियों में कुछ लोग यह मान रहे थे कि सन् 1939 में उन्होंने लीग के दबाव में यह पक्ष लिया तथा यह एक किस्म की रियायत है। सी. राजगोपालाचारी ने मद्रास से लिखा : 'इस रियायत से स्थिति में फर्क नहीं पड़ने वाला। हम इस फॉर्मूले पर अपने तईं भले आचरण कर लें लेकिन अगर हमने इसे एक रियायत के तौर पर पेश किया तो यही रियायत आगे के विरोध के लिए प्रस्थान-बिंदु बन जाएगी और इससे शांति–स्थापना की दिशा में कोई लाभ नहीं होगा। दूसरी तरफ यह रियायत हिंदुओं की मनोभावनाओं को कमजोर करेगी और चारों तरफ उदासी का माहौल पैदा हो जाएगा।[51] लेकिन, उन्होंने अपनी बात यह कहते हुए समाप्त की कि 'फिर भी, मैं इस फॉर्मूले से पूरी तरह सहमत हूँ।' गोविंद बल्लभ पंत ने लखनऊ से लिखा–'इसमें कोई शक नहीं कि 'वंदे मातरम्' की जड़ें गहराई तक जम चुकी हैं और अब यह गीत अक्षुण्ण बना रहेगा' लेकिन पंत ने भी नये फॉर्मूले से सहमति जतायी और कहा कि 'जहाँ तक चल सके वहाँ तक यह (फॉर्मूला) ठीक है।'[52] इस सिलसिले में जो निष्कर्ष निकला उसे हम नेहरू की एक चिट्ठी में पढ़ सकते हैं।

यह चिट्ठी उन्होंने जी.बी. पंत को 16 जनवरी, 1939 को लिखी थी–झंडे और 'वंदे मातरम्' के सवाल पर कार्य-समिति का मानना है कि हमें इसे विवाद का मसला बनाने से जहाँ तक संभव हो, बचना चाहिए।...[53]

कांग्रेस की इस नीति पर अमल करते हुए बिहार और मध्यप्रांत के कांग्रेस-मंत्रिमंडल की घोषणा थी कि 'वंदे मातरम्' का गायन सबके लिए अनिवार्य नहीं है। सन् 1939 की फरवरी में बिहार के शिक्षा मंत्री डॉ. सैयद महमूद ने असेम्बली में घोषणा की कि 'मुसलमानों के विरोध का ख्याल करके' बिहार सरकार ने निर्देश जारी किए हैं कि इस गीत को गाना अनिवार्य नहीं है, हालाँकि सरकार का मानना है कि इस गीत के पहले दो अंतरे आपत्तिजनक नहीं हैं।[54] डॉ. राजेंद्र प्रसाद के दस्तावेजों के संग्रह में हमें मध्यप्रांत में चल रही बहस की झलक मिलती है। मुस्लिम लीग ने एक समिति गठित की थी। इस समिति का नाम था–पीरपुर कमेटी। इस समिति का गठन सरकारी और नगरपालिका के स्कूलों में मुस्लिम बच्चों को 'वंदे मातरम्' के गायन में भाग लेने के लिए सरकार द्वारा विवश किए जाने के आरोपों पर रिपोर्ट तैयार करने के लिए किया गया था। समिति ने इस बात को स्वीकार किया कि मुस्लिम बच्चों को 'वंदे मातरम्' के गायन में जबर्दस्ती भाग लेना पड़ता है। मध्यप्रांत की कांग्रेस सरकार का कहना था कि गीत के गायन के संबंध में निर्देश 'बाध्यकारी' नहीं बल्कि 'अनुज्ञेय' हैं और किसी भी सूरत में इस गीत को गाने के लिए मुस्लिम बच्चों को विवश नहीं किया जा रहा। इसी साल (1939) बिहार में कुछ फसाद हो गया, गया में तो छोटा-मोटा दंगा ही हो गया। एक बार फिर कांग्रेस और लीग ने एक-दूसरे पर आरोप लगाये। इस घटना में भी 'लीग' ने बिहार की कांग्रेस सरकार पर आरोप लगाया कि वह जिला स्कूलों में 'वंदे मातरम्' के गायन को बलात् लागू कर रही है और यही दंगे का कारण है। सन् 1939 के दिसंबर में, मध्यप्रांत में रविशंकर शुक्ल के नेतृत्व वाले कांग्रेस मंत्रिमंडल की लियाकत अली खान के साथ सहमति बनी। लियाकत

अली अखिल भारतीय मुस्लिम लीग के सचिव थे। दोनों के बीच हुए समझौते में एक बिंदु यह भी था कि सरकारी सहायता प्राप्त स्कूलों अथवा स्थानीय शासन के निकायों को 'वंदे मातरम्' के गायन के संबंध में किसी भी तरह से 'विवश करने की अनुमति नहीं दी जाएगी।[55]

यह बात दिलचस्प लगती है कि सन् 1945 में एम. आर. जयकर का विचार था कि 'कांग्रेस और हिंदू महासभा के बीच बड़े मुद्दों पर विरोध समाप्त हो गया है।'[56] जयकर का यह पत्र श्यामा प्रसाद मुखर्जी के दस्तावेजों में मौजूद है। पत्र संकेत करता है कि उस समय कांग्रेस के एक तबके के मन में क्या चल रहा था। कांग्रेस के नेताओं के बयान में हम यदा-कदा दुचित्तापन को लक्ष्य कर सकते हैं। 'वंदे मातरम्' के सवाल पर कांग्रेस के नेता अगर एक तरफ इसे सीधे-सीधे त्याग देने के पक्ष में थे तो दूसरी तरफ कुछ नेता इस गीत के एकदम पक्ष में थे। सरदार वल्लभ भाई पटेल और राजेंद्र प्रसाद ने सन् 1931 और 1934 के कांग्रेस-अधिवेशन में अपने अध्यक्षीय भाषण का अंत 'वंदे मातरम्' से किया था जबकि 1929 और 1936 के अध्यक्षीय भाषण में नेहरू ने इस नारे को नहीं दुहराया। इस तथ्य की व्याख्या इसी तर्ज पर की जाती है। जिन्ना ने सन् 1937 में जरूर यह शिकायत की थी कि 'कौन कांग्रेस का नेता है और कौन हिंदू महासभा का—यह कहना एक समय में बहुत मुश्किल हो जाता है क्योंकि इन दोनों दलों के अधिसंख्य नेताओं के बीच विभाजक रेखा खींच पाना बहुत मुश्किल है।'[57] लेकिन, जिन्ना की इस शिकायत को एक अतिशयोक्ति के रूप में ही देखा जा सकता है, हालाँकि जिन्ना की यह बात उस वक्त के कांग्रेस के कुछ नेताओं पर जरूर लागू होती है। संविधान सभा का अंतिम सत्र 24 जनवरी 1950 के दिन हुआ। संविधान सभा के अध्यक्ष राजेंद्र प्रसाद ने इस दिन अपने पद से फैसला सुनाया कि रवीन्द्रनाथ टैगोर रचित 'जन-गण-मन' राष्ट्रगान होगा और भारतीय स्वाधीनता-संग्राम में ऐतिहासिक भूमिका निभाने वाले गीत 'वंदे मातरम्' को 'जन-गण-मन' जितना ही सम्मान

दिया जाएगा तथा उसकी हैसियत भी बराबर की होगी।[58] चूँकि यह प्रस्ताव स्वयं अध्यक्ष की तरफ से आया था इसलिए इस पर संविधान-निर्माण के क्रम में प्रस्तुत अनेक प्रस्तावों के विपरीत न तो बहस हुई और न ही मतदान। क्या यह क्रियाविधि इसलिए अपनायी गयी थी क्योंकि कांग्रेस और संविधान सभा, दोनों ही में राष्ट्रगान के मुद्दे पर सदस्यों की राय अलग-अलग थी? इस प्रश्न के उत्तर में हम बस अनुमान लगा सकते हैं। बहरहाल, इस बात के दस्तावेजी प्रमाण मौजूद हैं कि ठीक उसी दिन यानी 24 जनवरी 1950 को 'सभा' की चर्चा की समाप्ति के बाद दोनों गीत गाये गए।

सारी बातों को एक जगह समेट कर कहें तो हमें दो समानांतर कथाएँ मिलती हैं। एक तरफ, 'वंदे मातरम्' लगातार राष्ट्रगान की हैसियत प्राप्त करता चला गया, विभिन्न भारतीय भाषाओं में अनूदित हुआ, अनेक संगीतकारों और गायकों के सुर-ताल में बँधा और अनेक राष्ट्रवादी नेताओं द्वारा राष्ट्रगान के दर्जे के लायक माना गया। दूसरी तरफ, राष्ट्रगान बनने के इसके दावे पर सवाल उठाये गए, एक एकताकारी प्रतीक होने की इसकी साख पर संदेह किए गए, इसमें व्यंजित मूर्तिपूजकता के आधार पर हुए विरोध के कारण कुछ हिचकिचाहट दिखी और कविता को संपादित करके अथवा इस गीत के सार्वजनिक गायन में भागीदारी को वैकल्पिक करार देकर सुलह-समझौते के प्रयास किए गए। बहरहाल, 'वंदे मातरम्' की हैसियत पर हुए वाद-विवाद के बावजूद इस गीत के प्रति अनेक भारतीयों के हृदय में निष्ठा विद्यमान रही। इसका कारण था इस गीत का स्वाधीनता-संग्राम से जुड़ा हुआ होना। 'वंदे मातरम्' कोई समारोही गीत नहीं था, यह एकता की पुकार और राष्ट्रभक्ति की शपथ बन गया था, एक नारे में तब्दील हो गया था। 20वीं सदी के शुरुआती दिनों में यह सब कैसे हुआ—इसका अध्ययन हम अगले अध्याय में करेंगे। हम थोड़े आगे के युग का जायजा लेंगे जब 'वंदे मातरम्' एक नारे में तब्दील हुआ।

अध्याय 3

नारा

सन् 1905 से 'वंदे मातरम्' राष्ट्रवादियों के लिए नारा बन चुका था। अनेक राष्ट्रवादी क्रांतिकारी खुद इसे अपना 'मंत्र' बताते थे। अरविंद घोष ने 1907 में लिखा कि यह 'देशभक्ति के नये धर्म' का मंत्र है जिसे 'ऋषि' बंकिम चंद्र ने राष्ट्र को दिया है।

> बत्तीस बरस हो गये जब बंकिम ने इस महान गीत की रचना की थी और तब कुछ ने ही इसे सुना; लेकिन भ्रांति की लंबी निद्रा के बाद जागरण के एक आकस्मिक क्षण में बंगाल की जनता ने सत्य के लिए अपने चारों तरफ देखा और सौभाग्य के उसी क्षण में किसी ने 'वंदे मातरम्' गाया। 'मंत्र' मिल गया था और एक ही दिन में पूरी जनता देशभक्ति के धर्म में दीक्षित हो गई। माता ने अपने दर्शन दिखा दिए थे।[1]

गीत को प्रचारित करने वाले सिर्फ अरविंद ही नहीं थे लेकिन वह पहले व्यक्ति थे जिन्होंने इस गीत की अर्थ-संरचना में धार्मिक महत्त्व का रेखांकन किया।

> ऋषियों में...हमें उस व्यक्ति का नाम जरूर शामिल करना चाहिए जिसने हमें जागरण का मंत्र दिया—'वंदे मातरम्' का मंत्र जो नये भारत की सर्जना कर रहा है।...हमारे महान जन-जागरणकर्त्ताओं में वही पहला व्यक्ति था जिसने उस वक्त जारी राजनीतिक आंदोलन की अनुपयोगिता और छिछलेपन को समझा...उसके दिव्य दर्शन में जिस माता का अवतरण हुआ था उसने जोगी का भिक्षापात्र नहीं बल्कि अपने

'द्वि–सप्तकोटी' हाथों में मर्मभेदी लौह-दंड धारण कर रखा था। उन्होंने 'आनंदमठ' में ओट लेकर बिम्बों के सहारे निर्भय साहस और ताकत का पाठ पढ़ाया।...

ये पंक्तियाँ तो लगभग यही बताती हैं कि राष्ट्रवादी आंदोलन के भीतर नरमपंथियों के खिलाफ खड़े गरमपंथियों के पुरोधा बंकिमचंद्र थे। ऐसा था या नहीं इसमें संदेह है। लेकिन, यहाँ महत्त्वपूर्ण बात यह है कि अरविंद ने गीत द्वारा निभायी गयी भूमिका का रेखांकन एकदम सही किया है : 'मातृभूमि का सिर्फ बौद्धिक विचार स्वयं में दिव्य शक्ति से संपन्न नहीं होता' बल्कि लोग जिस 'विजन' से प्रेरित होते हैं उसमें कुछ और भी होता है–'सौंदर्य का एक रूप जो मन पर छा जाये, हृदय पर अंकित हो जाये।'[2]

अरविंद 'वंदे मातरम्' नामक पत्र का संपादन करते थे। यह क्रांतिकारी 'जुगांतर पार्टी' का मुखपत्र था और जो लोग आंदोलन के हिस्सा नहीं थे वे भी इसे बड़े चाव से पढ़ते थे।[3] अरविंद ने इसी पत्र से गीत को लोकप्रिय बनाने में मदद की। अरविंद पर चलाये गए मुकदमे में अभियोजन पक्ष ने बहुत-से प्रमाण जुटाये थे।[4] ठीक इसी तरह अरविंद ने एक दूसरा आवधिक पत्र 'संध्या' निकाला। 'संध्या' में पाठकों से कहा गया कि 'वंदे मातरम्' को वे अपना राष्ट्रगान मानें और 'आनंदमठ' में व्यक्त आदर्शों का पालन करें। इस पत्र के एक आलेख में कहा गया–'हर गाँव और हर शहर में 'आनंद मठों' की स्थापना हो...तब माता का नाम सप्तकोटी कंठ से गूँजेगा और हर तरफ से 'वंदे मातरम्' की आवाज आयेगी।' आलेख में यह भी कहा गया कि–'हम संतगण एकजुट हों और आप देखेंगे कि 'स्वराज' का सिंहासन सजने में कोई भी कसर नहीं रह गई है।'[5] इन पंक्तियों का खुफिया विभाग के अधिकारियों ने बड़े भौंड़े ढंग से बंगाली से अनुवाद किया था।

गृह विभाग के एक आई.सी.एस. अधिकारी जे.सी. निक्सन ने सन् 1917 में बंगाल के क्रांतिकारी संगठनों के बारे में एक रिपोर्ट तैयार की। इस रिपोर्ट में अदालती मुकदमों और खुफिया विभाग की रिपोर्ट

में दर्ज सूचनाओं का इस्तेमाल किया गया था। निक्सन का विचार था कि अरविंद की खासियत अपने राजनीतिक सिद्धांतों को धार्मिक आवरण में पेश' करने की है। अरविंद के पत्र 'वंदे मातरम्' को सन् 1907 में राजद्रोह के आरोप में जब्त कर लिया गया था। इसके तुरंत बाद उन पर बम बनाने और राजद्रोह फैलाने का आरोप लगाकर मुकदमा चलाया गया था।[6] अरविंद की जुगांतर पार्टी पश्चिम बंगाल में सक्रिय थी जबकि पूर्वी बंगाल में सक्रिय क्रांतिकारी संगठन का नाम था अनुशीलन समिति। अनुशीलन समिति के बारे में खुफिया विभाग की एक रिपोर्ट ढाका के जिला मैजिस्ट्रेट बी. सी. अलेन ने सन् 1907 में तैयार की थी। उन्होंने लिखा था कि अनुशीलन समिति के सदस्यों का नारा 'वंदे मातरम्' है; कभी-कभी ये लोग 'भारतमाता की जय'[7] भी बोलते हैं और 'समिति' का सदस्य बनने के लिए हर नवागंतुक को 'वंदे मातरम्' की शपथ लेनी पड़ती है।[8] रक्षाबंधन के परंपरागत त्योहार का उपयोग राष्ट्रवादी उद्देश्यों से राष्ट्रीय एकता को जाहिर करने के लिए किया गया। इस दिन जुलूस में शामिल लोग सार्वजनिक रूप से 'वंदे मातरम्' का उद्घोष किया करते थे। बंगाल के कुछ इलाकों में इस नारे पर पाबंदी लगाने के बाद ही यह रीति बंद हुई।[9]

एक आई. सी. एस. अधिकारी एच. सी. साल्केड को विशेष सेवा के लिए मैजिस्ट्रेट नियुक्त किया गया था। उनको क्रांतिकारी संगठनों की जाँच-पड़ताल करके रिपोर्ट तैयार करने का जिम्मा सौंपा गया था। साल्केड की रिपोर्ट बरसों तक (1995 ई. तक) गोपनीय फाइलों में दबी रही क्योंकि उन्होंने अपनी रिपोर्ट तैयार करने में भेदिये और जासूसों का इस्तेमाल किया था। उनकी रिपोर्ट में ऐसे दस्तावेज मौजूद हैं जिनसे पता चलता है कि अनुशीलन समिति के सदस्यों द्वारा उठायी गई शपथ और उसके साथ किए जाने वाले कर्मकांड 'बंकिमचंद्र चटर्जी के उपन्यास 'आनंदमठ' से लिए गये थे।'[10] एक और रिपोर्ट जे.ई. आर्मस्ट्रांग ने सन् 1917 में तैयार की थी। पुलिस अधिकारी आर्मस्ट्रांग को उग्र राष्ट्रवादी गतिविधियों की

जाँच-पड़ताल के काम पर नियुक्त किया गया था। आर्मस्ट्रांग ने लिखा है कि 'शायद ही कोई क्रांतिकारी दस्तावेज होगा जिस पर 'वंदे मातरम्' न लिखा हो।'[11] उन्होंने जे. रैमसे मैकडोनाल्ड को उद्धृत किया है–'भारत का देवताकरण इस असंवैधानिक आंदोलन के मनोविज्ञान' के मूल में है। मैकडोनाल्ड बाद में इंग्लैंड के प्रधानमंत्री बने। मैकडोनाल्ड ने प्रमाण के रूप में विपिनचंद्र पाल का 1909 का बयान उद्धृत किया है कि मातृभूमि 'हमारे राष्ट्र के विचार का प्रतीक है...यह एक दैवीय प्रत्यय है...ब्रह्म विचार है...वह देव जिसे हम 'वंदे मातरम्' कहकर नमन करते हैं।'[12]

'वंदे मातरम्' के बारे में ब्रिटिश शासन की आधिकारिक राय क्या थी इसका पता हमें 'एनसाइक्लोपीडिया ब्रिटैनिका' के 1910 वाले संस्करण से चलता है। इसमें बंकिमचंद्र पर एक आलेख शामिल है जिसके लेखक का नाम नहीं दिया गया है। इस आलेख में बंकिमचंद्र के इस गीत के राजनीतिक महत्त्व का रेखांकन करते हुए कहा गया है–'उनकी सभी रचनाओं में...अपने राजनीतिक महत्त्व के कारण 'आनंदमठ' सबसे ज्यादा महत्त्वपूर्ण है। इसका प्रकाशन लगभग उसी समय हुआ था जब इलबर्ट बिल को लेकर आंदोलन छिड़ा हुआ था।' 'वंदे मातरम्' गीत की चर्चा करते हुए लेख में इसे 'एक हिंदू अध्यात्मवादी की रचना' कहा गया है जिसने बंगाल का मानवीकरण विशुद्ध और दैवीय काली के रूप में किया है।' लेख में कहा गया है कि इस गीत के 'अधिकांश अंतरे हानिकारक नहीं हैं' लेकिन 'इसके कुछ हिस्सों में यह क्षमता है कि बदमाश आंदोलनकारियों के कंठ से निकलकर खतरनाक अर्थ ग्रहण कर लें।' उपन्यास में यह गीत विद्रोहियों द्वारा अंग्रेज फौज पर हमला करते समय गाया गया है। स्वदेशी आंदोलन के बाद नौकरशाही के भीतर गीत को लेकर जो भाव घर कर गया था उसकी एक झलक 'ब्रिटैनिका' की इन पंक्तियों में मिलती है :

> हालाँकि बंकिमचंद्र चटर्जी के जीवनकाल में ही 'वंदे मातरम्' की खतरनाक प्रवृत्ति को लक्ष्य कर लिया गया था लेकिन तब

इसका इस्तेमाल किसी दल के द्वारा युद्धघोष के रूप में नहीं होता था। मिसाल के तौर पर, इलबर्ट बिल को लेकर हुए आंदोलन में इस नारे का इस्तेमाल नहीं हुआ। सन् 1883 के सुरेन्द्रनाथ बनर्जी के मुकदमे के समय भी छात्रों ने इसका इस्तेमाल नहीं किया। इसने (गीत ने) बंगाल विभाजन के बाद हुए आंदोलन में खुराफाती मिजाज़ अख्तियार किया।

भारत की अंग्रेजी नौकरशाही ने स्वदेशी आंदोलन को लेकर जो रुख अख्तियार किया था उसी के तहत यहाँ 'आनंदमठ' उपन्यास और 'वंदे मातरम्' गीत के हिंदू संदर्भ पर जोर दिया गया है। मुस्लिम समुदाय के एक तबके की राय अपने पक्ष में पाकर अंग्रेजी नौकरशाही ने उसकी भी नोटिस ली। भारत में चल रहे राजद्रोही आंदोलन पर केंद्रित सन् 1917 की रॉलेट रिपोर्ट में देसी प्रजा में मतभेद को रेखांकित करते हुए कहा गया कि मुस्लिम समुदाय के कुछ लोग स्वदेशी आंदोलनकारियों के पक्ष में नहीं हैं। सन् 1905-08 के दौरान खुफिया रिपोर्टों का जोर इसी मतभेद पर रहा। हिंदू अथवा मुस्लिम समुदाय की राय को प्रभावित कर सकने वाले नेताओं के बीच तालमेल बैठाने के प्रयासों पर पूरी सतर्कता से नजर रखी गई।

यह बात भी सच है कि इस गीत की अपील सिर्फ बंगाल तक सीमित नहीं थी। महाराष्ट्र में इस गीत के प्रसार के आरंभिक साक्ष्य अंग्रेजी हुकूमत द्वारा प्रकाशित प्रतिबंधित साहित्य की सूची में मिलते हैं। यह सूची सन् 1910 में प्रकाशित हुई थी। इसमें एक जगह 'वंदे मातरम्' का जिक्र आया है–"एक फोटोग्राफ जिसमें नाना फड़नवीस और दूसरों की तस्वीर बनी है...हिंसा के कृत्य अथवा मत और राजद्रोही प्रवृति के लिए कुख्यात...फोटोग्राफ 'वंदे मातरम्' शब्द के ऊपर अंकित किया गया है...।"[13] इसी साल पहले जेनेवा और बाद में बर्लिन से प्रकाशित होने वाले पत्र 'वंदे मातरम्' के प्रसार पर प्रतिबंध लगाया गया। इस पर 'राजद्रोही और क्रांतिकारी विचारों'[14] को छापने का आरोप था। यह मासिक पत्र 'मादाम कामा'–भीकाजी रुस्तम जी कामा के सहयोग से निकलता था और इसका संपादन

क्रमिक रूप से हरदयाल, वी.वी.एस. अय्यर तथा वीरेंद्र चट्टोपाध्याय ने किया। इस मासिक पत्र के आयात पर 'कस्टम एक्ट' के तहत प्रतिबंध लगाया गया था लेकिन पुलिस की रिपोर्टों से पता चलता है कि बम्बई, बंगाल, युक्तप्रांत, पंजाब और मद्रास में इस पत्र का प्रसार हो रहा था।[15] विदेश से छपने वाले इस पत्र के अतिरिक्त सेंसरशिप के बावजूद भारत के विभिन्न भागों में 'वंदे मातरम्' के नारे के साथ पर्चे बाँटे गये। इनमें से अधिकांश पर्चे बंगाल में छपे थे लेकिन बहुत-से पर्चे और जगहों पर भी छपे। मिसाल के तौर पर सन् 1914 में मद्रास में छपे एक अंग्रेजी भाषा के पर्चे में पंजाब की जनता से ब्रिटिश शासन के विरुद्ध प्रतिकार करने के लिए कहा गया। इस पर्चे का अंत 'वंदे मातरम्' के नारे के साथ हुआ था।[16] एक और अनाम अंग्रेजी पर्चा 'कीलिंग नो मर्डर' शीर्षक से छपा। इसे 1910 में प्रतिबंधित किया गया। इस पर्चे के शीर्ष पर लिखा था–जुगांतर : जय 'वंदे मातरम्'।'[17] ऐसा ही एक अंग्रेजी पर्चा 'काउंसिल ऑफ रेड बंगाल' ने सन् 1924 में जारी किया। 'श्रीयुत अरविन्दो घोष' के अंग्रेजी भाषणों और लेखों से यह नारा महाराष्ट्र में फैला।

बहरहाल, नारे को लोकप्रिय बनाने में सबसे महत्त्वपूर्ण योगदान 'देसी भाषा' के प्रेस का था। इसके कुछ प्रकाशन स्थानीय 'समाजों' की तरफ से होते थे। कभी-कभार ये प्रकाशन 'आज हैं तो कल नहीं' वाले अंदाज में उग आने वाले संगठनों द्वारा किए जाते थे। ये संगठन पर्चों पर बतौर प्रकाशक अपना नाम लिखते थे। इन प्रकाशनों की जानकारी हमें 'प्रतिबंधित साहित्य की सूची' से होती है; ऐसे इक्के-दुक्के ही पर्चे पुस्तकालयों में पहुँचे और सुरक्षित रह पाये हैं। 'वंदे मातरम्' शीर्षक वाले हिंदी या उर्दू भाषा के ये पर्चे मुजफ्फरपुर के तिलक विद्यालय (1921), युवक हिंदू यूनिवर्सिटी ऑफ बनारस (1929) तथा सुप्रसिद्ध नवजीवन भारत सभा (1929)[18] से जारी होते थे। 'वंदे मातरम्' शीर्षक वाले बहुत से पर्चे पंजाब से भी जारी हुए। ऐसे पर्चों की एक पूरी शृंखला लाहौर से रामप्रसाद ने (1921) प्रकाशित की। लाहौर से ही हिंदी भाषा में 'वंदे मातरम्' शीर्षक वाले

पर्चों की एक शृंखला 1924 में प्रकाशित हुई। यह शृंखला लाल सिंह ने निकाली थी। उन्होंने एक पर्चा उर्दू में निकाला (1921) जिसका शीर्षक था–'वंदे मातरम्', 'सत् श्री अकाल' और 'अल्लाह-ओ-अकबर'। हिंदी भाषा के ऐसे बहुत-से पर्चे अन्य जगहों पर छपे–खासकर बनारस और अहमदाबाद में। अहमदाबाद में इन पर्चों को अन्य संगठनों के अतिरिक्त 'देश सेवक' नामक संगठन निकालता था।[19] 'वंदे मातरम्' के विचार को इन पर्चों में चित्र के रूप में अंकित किया जाता था। पर्चों पर भारतमाता की तस्वीर होती थी और उसके साथ-साथ नारा लिखा रहता था। पर्चे पर राष्ट्रनायकों की तस्वीर भी छापी जाती थी।[20]

ऐसा अधिकांश साहित्य स्वतःस्फूर्त भाव से क्षेत्रीय शहरी केंद्रों में छपा। इन पर्चों को छापने वाले अधिकांश लोग उग्र राष्ट्रवादियों की कार्य-योजना से नहीं जुड़े थे। लेकिन हमें इस बात के साक्ष्य मिलते हैं कि बंगाल के 'विप्लवियों' ने ज्यादा से ज्यादा पाठकों तक पहुँचने के लिए भाषायी दीवार को लाँघने का सचेत प्रयास किया। मिसाल के तौर पर 'विप्लवियों' के पत्र 'जुगांतर' ने 1906 में लिखा :

> चूँकि हमारे देश में बहुत-सी भाषाएँ बोली जाती हैं इसलिए अनेक लोग कहते हैं कि यही हमारी एकता में बाधा है।... एकता का आधार भाषा नहीं है, देश और उसकी सेवा का विचार ही हमें एकता के सूत्र में बाँधता है...लेकिन भारत भर के लिए एक भाषा का होना जरूरी है, खासकर मौजूदा वक्त में ताकि एक-दूसरे से विचारों का आदान-प्रदान हो सके। हमें एक ऐसी भाषा की जरूरत है जिसे सीखकर (भारत)माता का नामोच्चार करने वाले महाव्रती इस नाम का गायन करते हुए भारत भर में घूम सकें। भारत की सभी जातियाँ हिंदी भाषा समझती हैं...हमें आशा है कि जो अपने देश के लिए कुछ करना चाहते हैं वे जल्दी ही हिंदी की कक्षाओं में दाखिला लेंगे।...[21]

इसके बाद आलेख में घोषणा की गई है कि अब से अनुशीलन

समिति तथा अन्य जगहों पर मराठी स्वयंसेवकों की सहायता से हिंदी सिखायी जाएगी। हमें इस बात की कोई जानकारी नहीं मिलती कि बंगाल में यह प्रयास कहाँ तक प्रभावकारी साबित हुआ। बहरहाल, अरविंद घोष और विपिनचंद्र पाल ने भारत के विभिन्न भागों में भ्रमण करते हुए अपने संदेश सुनाए। इसी उद्देश्य से बंगाल के उग्र राष्ट्रवादी गुपचुप बंगाल से बाहर के अपने ठिकानों पर जाते थे। इन पहलकदमियों से अलग, बंगाल से बाहर के बहुत-से राष्ट्रवादियों ने इस गीत को सीखने और अनूदित करने के प्रयास किए।

राष्ट्रवादी कवियों में सबसे ज्यादा प्रसिद्ध सुब्रमण्यम् भारती (1882-1921) ने 'वंदे मातरम्' के प्रचार में मदद की। कहा जाता है कि भारती ने एक आवधिक पत्र के लिए सबसे पहले सन् 1905 में इस गीत का अनुवाद किया था। दूसरी बार उन्होंने इस गीत का अनुवाद सन् 1908 में किया। इस वर्ष उनकी रचनाओं का एक संग्रह 'जातीय गीतम्' शीर्षक से प्रकाशित हुआ था। 'आनंदमठ' का तमिल अनुवाद 'आनंदमठम्' नाम से 1908 में प्रकाशित हुआ। इस उपन्यास का एक और तमिल अनुवाद 1918 में प्रकाशित हुआ। उपन्यास का दक्षिण भारत की अन्य भाषाओं कन्नड़ (1897), तेलुगु (1907) तथा मलयालम (1909) में भी अनुवाद हुआ। पहला अनुवाद मराठी में (1897) हुआ जो अनपेक्षित नहीं कहा जाएगा। इसके बाद गुजराती (1901) और हिंदी भाषा में (1906) इसके अनुवाद हुए।[22] यह कहने की जरूरत नहीं कि भारत की विभिन्न भाषाओं में अनूदित होकर 'आनंदमठ' बंकिमचंद्र की सबसे प्रसिद्ध रचना बन गयी और ध्यान 'वंदे मातरम्' के संदेश की तरफ केंद्रित हुआ।

इस गीत का संदेश राजनीतिक आंदोलनों के बीच नारे में तब्दील हुआ। अरविंद घोष ने इसे 'मंत्र' की संज्ञा दी थी; उग्र राष्ट्रवादी संगठन इसकी शपथ लेते थे', इसका उपयोग युद्धनाद के रूप में करते थे और फिर, जुलूस में इस गीत के दो शब्दों ('वंदे मातरम्') को नारे के रूप में दुहराया जाता था। इन सारे कारणों से गीत में व्यक्त जटिल विचार और बिम्ब देश-सेवा की निष्ठा तथा विदेशी

शासन के प्रतिकार के सरल संक्षिप्त रूप में बदल गये। राजनीति पर इस गीत के प्रभाव की चर्चा अक्सर सीधे-सपाट ढंग से की गई है। मैं यहाँ एक घटना की विस्तृत चर्चा करना चाहता हूँ। इसके ब्यौरे से पता चल सकेगा कि दरअसल जमीनी सच्चाई क्या थी।

यह घटना या कहें तो घटनाओं की शृंखला राजमुन्द्री में घटी। उस वक्त यह इलाका मद्रास प्रेसीडेंसी में था। सन् 1907 की फरवरी में 'हिंदू' की रिपोर्ट थी कि बाल भारती समिति नामक एक संगठन बनाया गया है और राजमुन्द्री में ''वंदे मातरम्' का बैज लगाकर छात्रों ने सुन्दर-सुन्दर बैनर हाथ में लिए' पूरे शहर में मार्च किया। इन बैनरों पर 'बड़े-बड़े अक्षरों में 'वंदे मातरम्' तथा 'अल्लाह-ओ-अकबर' लिखे हुए' थे। 'हिंदू' की इस रिपोर्ट के अनुसार जुलूस ने ठौर-ठौर रुककर 'बंकिमचंद्र का अमर गीत गाया'।[23] पुनः 1907 के अप्रैल में पड़ोसी कृष्णा जिले के 'हिंदू' के संवाददाता ने विपिनचंद्र पाल की मसुलीपट्‌टम की यात्रा की खबर देते हुए लिखा कि इससे जिस राजनैतिक उत्साह का संचार हुआ है 'वह पहले कभी देखने में नहीं आया। मातृमूर्ति तथा 'वंदे मातरम्' की उत्पत्ति और अर्थ के बारे में दिए गए उनके व्याख्यान को' लोगों ने 'मंत्रमुग्ध होकर सुना'।[24] विपिनचंद्र पाल 19 अप्रैल 1907 के दिन राजमुन्द्री पहुँचे थे और पुलिस-रिकॉर्ड के अनुसार 'गाँव-गाँव में राजद्रोही सभाएँ' आयोजित हुईं तथा 'वंदे मातरम्' का नारा घड़ी-घड़ी गूँजने लगा। एक योरोपीय मिशनरी ने शिकायत लिखायी कि 'राजमुन्द्री के एक निवासी ने आवारा लड़कों को पकड़कर कुछ रुपये थमाये और कहा कि जब भी किसी 'गोरे' को देखो तो 'वंदे मातरम्' बोलना।[25] छात्रगण इस आंदोलन की अग्रणी पंक्ति में थे। वे नारा लगानेवालों की अगुआई कर रहे थे।

राजमुन्द्री आर्ट कालेज के 'गोरे' प्राचार्य ने सिलसिलेवार ढंग से इन घटनाओं के बारे में जनशिक्षा विभाग के निदेशक को लिखा— "...मध्य-मार्च में मुझे इस बात की शिकायत मिली कि 'राजमुन्द्री' के छात्रों ने शहर में 'वंदे मातरम्' कहते हुए मार्च किया है और अपने

दुपहिया-चारपहिया पर सवार इक्के-दुक्के योरोपियन को इन लोगों ने नाराज तथा अपमानित किया है।[26] छात्रों ने 'कालेज में 'वंदे मातरम्' लिखा हुआ तमगा या बैज' पहना शुरू कर दिया था। कॉलेज के प्राचार्य ने छात्रों को इस बात के लिए चेताया और उनके जत्थे के एक नेता को कॉलेज से निष्कासित कर दिया। विपिनचंद्र पाल 19 अप्रैल को पहुँचे थे और उन्होंने 'खुलेआम राजद्रोही भाषण देना' शुरू कर दिया था। यह घटना पाल के आने से पहले ही घट चुकी थी। इस घटना के बाद कॉलेज के आधे से अधिक छात्रों ने 'वंदे मातरम्' का बैज लगाना शुरू कर दिया। प्राचार्य ने उन्हें कॉलेज में चल रही परीक्षा के दिन बैज लगाकर आने से मना किया–'मैं अभी इस बात पर आपत्ति जता ही रहा था कि बरामदे से कोई 'वंदे मातरम्' चिल्लाया। इसके तुरंत बाद यह नारा कॉलेज के हर तरफ गूँजने लगा' और छात्रों का एक दल कॉलेज से बाहर चल पड़ा। प्राचार्य को ताव आ गया और उसने रोकने की नीयत से नारा बोलने वाले एक छात्र की 'बाँह मरोड़कर धकेलने की कोशिश की।'[27] इस घटना से उत्तेजित होकर कुल 215 में से 190 छात्र हड़ताल पर चले गये। अगले महीने प्राचार्य हंटर ने 138 छात्रों को 'सस्पेंड' कर दिया। प्राचार्य के इस फैसले को मद्रास सरकार ने भी कमोबेश सही माना और उसने बहुत-से छात्रों को दो साल के लिए निष्कासित कर दिया। जनशिक्षा विभाग के निदेशक का ख्याल था कि अगर बंगाली आंदोलनकर्मी विपिनचंद्र पाल ने छात्रों के नाजुक मन पर अपने दुष्प्रभाव नहीं डाले होते तो हालात काबू में आ जाते।'[28] उन दिनों शिक्षा संस्थानों का माहौल बड़ा शांत हुआ करता था। ऐसी शांति के बीच इस घटना को एक हंगामा ही कहा जाएगा। प्राचार्य हंटर के ब्यौरे से पता चलता है कि 'वंदे मातरम्' का नारा रोजमर्रा की जिंदगी में अंग्रेज और गोरी हुकूमत की अवज्ञा का प्रतीक बन गया था। प्राचार्य को इस नारे के विरुद्ध लंबी लड़ाई लड़नी पड़ी। इससे साफ हो जाता है कि रोजमर्रा की संघर्षपूर्ण स्थितियों में यह नारा अपनी सार्थकता सिद्ध कर रहा था।

राजमुन्द्री कॉलेज की हड़ताल तो घटनाओं की श्रृंखला में एक घटना मात्र थी। ऐसी अनेक घटनाएँ हुई जिनमें बार-बार 'वंदे मातरम्' का प्रयोग किया गया। गोदावरी जिले के कलेक्टर की रिपोर्ट के अनुसार 'एक 'वंदे मातरम्' प्रोटेक्शन लीग का गठन हुआ था' जिसका उद्देश्य छात्रों के इस अधिकार पर जोर देना था कि वे जब चाहें 'वंदे मातरम्' का नारा लगा सकें।[29] इस शहर में योरोपीय लोग आते-जाते, नारे को सुनकर क्रुद्ध हो जाते थे। कम से कम एक योरोपीय को नारा लगानेवालों ने पीटा भी था।[30]

सन् 1907 के जून के शुरुआती हफ्ते में एक भीड़ ने 'वंदे मातरम्' का नारा लगाते हुए कोकोनाडा स्थित योरोपियन क्लब पर हमला किया था। 'हिंदू' में प्रकाशित खबर के अनुसार यह हमला एक घटना की प्रतिक्रिया में हुआ था। कैप्टन केम्प नाम का एक उस्ताद मुक्केबाज एक 16 वर्षीय लड़के से बुरी तरह चिढ़ गया था। इस लड़के ने कैप्टन केम्प को देखकर 'वंदे मातरम्' का नारा लगाया था। केम्प ने लड़के को इतना मारा कि वह बेहोश हो गया। आनन-फानन में भीड़ इकट्ठी हो गई और उसने योरोपीय क्लब पर हमला बोल दिया। केम्प अपने साथियों से मिलने इसी क्लब में आया था।[31] माहौल हर तरफ बिगड़ चुका था और मद्रास प्रेसीडेंसी के उत्तरी जिले की फौज ही स्थिति को काबू में ला सकी। यह बात हमें गोदावरी, कृष्णा और गुंटूर जिले के मैजिस्ट्रेटों के विवरण से ज्ञात होती है।[32] नारेबारी की लहर धीरे-धीरे मंद पड़ गई लेकिन सार्वजनिक स्थानों पर गोरों की अवज्ञा करने की स्मृति लोगों के मन में कायम रह गई। वे अब यह जान चुके थे कि 'वंदे मातरम्' का नारा लगाने पर अधिकारीगण अपने को अपमानित महसूस करते हैं।

इस तरह की घटनाओं से जुड़े मनोभाव का एक दिचलस्प जिक्र कोकोनाडा कॉलेज के भारतीय प्रिंसिपल ने किया है–''वंदे मातरम्' एक पावन अभिव्यक्ति है और इसका इस्तेमाल चिढ़ाने की गर्ज से नहीं किया जाना चाहिए।[33] संभवतया मध्यवर्ग का एक हिस्सा इसी बात को मानता था लेकिन आम जनता के लिए 'वंदे मातरम्' प्रतिरोध

की एक पुकार के समान था और वह इस पुकार का इस्तेमाल गोरों को चिढ़ाने में करना चाहती थी। मिसाल के तौर पर, उत्तरी बंगाल (अब बाँग्लादेश) के शहर मैमनसिंह के सिटी कॉलेज के छात्र अतिरिक्त जिला दंडाधिकारी को आता-जाता देखकर पूरे जोशो-खरोश से 'वंदे मातरम्' का नारा लगाते थे। यह नारेबाजी देर तक चलती थी।[34] निचले स्तर के बाबुओं की भी शिकायत थी कि उन्हें चिढ़ाने के लिए यह नारा लगाया जाता है। त्रिपुरा में कार्यरत एक 'बाबू' उमाचरण राय चौधरी ने ऐसी ही शिकायत की थी। बाबू उमाचरण राजभक्त थे और उन्होंने अपने आवास के सामने 'गंदे और राष्ट्रीय गीत' गाने के कारण तीन छात्रों को गिरफ्तार करवाया था।[35] विभिन्न अधिकारियों की रिपोर्ट का आकलन करने के बाद गृहविभाग का मंतव्य था कि 'मौजूदा आंदोलन का सबसे गंभीर परिणाम यह है कि पुलिस और राजभक्त सरकारी अधिकारियों को परेशान किया जाने लगा है।'[36]

बाजार में 'विदेशी वस्तुओं का बहिष्कार' के लिए किए जा रहे प्रदर्शनों में 'वंदे मातरम्' की नारेबाजी आम हो गई थी। इसका उपयोग समर्थन जुटाने और दुकानदारों पर दबाव डालने में किया जाने लगा था। ऐसे अवसरों पर अगर पुलिस अथवा राज्याधिकारी मौजूद हों तो नारा लगाने वाले लोगों का जोश और भड़क उठता था। इस घटना के पहले एक आधिकारिक मान्यता थी कि 'लाल पगड़ीवालों के नाम पर पैदा होने वाले भय ने अज्ञानी जनता को काबू में रखने में बड़ी महत्त्वपूर्ण भूमिका निभायी है' लेकिन यह भय सन् 1905-07 तक दफा हो चुका था।[37] (लाल पगड़ी बंगाल के पुलिसकर्मियों की वर्दी का हिस्सा थी) इन पुलिसकर्मियों को अब 'निंदाभाव' से देखा जाने लगा। हालत यह हो चली थी कि फौज की मौजूदगी भी नारा लगाने वालों को रोकने में बेअसर होने लगी थी। पूर्वी बंगाल के एक नेता अश्विनी कुमार दत्त की गिरफ्तारी और जिलाबदर करने से संबंधित एक जिक्र यह है–'20 गोरखा की

पलटन तैयार खड़ी थी...हमने सशस्त्र पुलिस बल का अलग से इंतजाम किया था...एक बड़ी भीड़ 'घाट' पर इकट्ठी हो गई। भीड़ के कुछ लोग 'वंदे मातरम्' का नारा लगा रहे थे।'[38]

यह बात सच हो सकती है कि अधिकांश मामलों मे नारेबाजी करने वाले छात्र तथा मध्यवर्गीय युवा थे लेकिन हमें इस बात के भी पुलिसिया साक्ष्य मिलते हैं जब 'वंदे मातरम्' का नारा मजदूर वर्ग ने लगाया। सन् 1905 में, कलकत्ता के निकट बने 'फोर्ट गलॉस्टर मिल' में मिल-मजदूरों ने हड़ताल की। यह मिल एक ब्रिटिश की मिल्कियत थी। पुलिस सुप्रिंटेंडेंट की रिपोर्ट थी कि मिल के मजदूर अपने योरोपीय सहायकों के सामने 'वंदे मातरम्' का नारा लगाते थे। इस पर रोक लगाने के लिए मिल के अंग्रेज प्रबंधक ने नारेबाजी करने वाले दो जनों को पकड़ लिया। प्रबंधक का यह कृत्य 'मजदूरों को नागवार गुजरा और उनके बीच एक सहमति बन गई। इस सहमति के आधार पर तय हुआ कि मिल के कुल 9000 कर्मचारी, जिनमें लगभग सभी स्थानीय बंगाली थे, संध्या 7:55 बजे 'वंदे मातरम्' का नारा लगायेंगे। ऐसा ही किया गया। विभिन्न विभागों के योरोपीय सहायकों ने जब इस 'गड़बड़ी' को रोकने की कोशिश की तो उन्हें घेर लिया गया और कइयों को धक्का दिया गया।'[39] अगले दिन जिले का पुलिस–प्रमुख सशस्त्र पुलिस बल के साथ फैक्ट्री में आया। कुछ गिरफ्तारियाँ हुईं। गिरफ्तार लोगों के पक्ष में मिल में संपूर्ण हड़ताल हो गई। जिले के पुलिस-सुप्रिंटेंडेंट ने जब मजदूरों से कैफियत पूछी तो उनका जवाब था कि 'इस मिल में हम सब भाई–भाई हैं।'[40]

इस उदाहरण में हम देखते हैं कि शहरी क्षेत्र के गरीब लोग अपनी लड़ाई में 'वंदे मातरम्' के नारे का इस्तेमाल कर रहे हैं लेकिन यहाँ संदर्भ 'फोर्ट ग्लॉस्टर मिल' का है। इस संदर्भ में देखने पर पता चलता है कि मजदूरों के प्रतिरोध में द्विअर्थकता है। उनके संघर्ष में अंग्रेज प्रबंधक और उसके गोरे सहायकों का विरोध भी शामिल था। पुलिस की रिपोर्ट के अनुसार गँवई इलाके के गरीब लोग छोटे-मोटे

अपराधों के समय भी यह नारा लगाते थे। पूर्वी बंगाल (सन् 1905 के विभाजन द्वारा बनाया गया प्रान्त) के मुख्य सचिव ने सितम्बर 1906 में वायसराय को लिखा : "पुलिस रिपोर्ट के अनुसार दो अवसरों पर अनाज से भरी नाव लूटने के क्रम में लुटेरे जत्थे ने 'वंदे मातरम्' का नारा लगाया। इस तथाकथित राष्ट्रीय गीत की प्रकृति को देखते हुए कहा जा सकता है कि इसका प्रयोग लोगों को जुटाने में किया गया।"[41] इसके बाद, इसी किस्म की अन्य रिपोर्टें हैं जिनमें अनाज से भरी नावों पर हमला करने की बात कही गई है। पुलिस ने इसे 'डकैती' का नाम दिया है जिसके साथ 'वंदे मातरम्' का नारा भी लगाया गया।[42] क्या इस लूट के पीछे भुखमरी थी अथवा यह शासकों के विरुद्ध आक्रोश की अभिव्यक्ति थी? इन घटनाओं के पीछे इन दो प्रेरणाओं में से कौन-सी एक काम कर रही थी–कहना मुश्किल है। वस्तुतः राष्ट्रवादी अखबारों में ब्रिटिश व्यापारी कंपनियों के ऊपर आरोप लगाया गया था कि 'स्वदेशी आंदोलन' के बदले के रूप में बंगाल से अनाज को बाहर भेजा जा रहा है ताकि बंगाल में अनाज की कमी हो जाय।[43]

एक हद तक सरकारी कार्रवाइयों ने भी 'वंदे मातरम्' के नारे को फैलाने में मदद दी। अदालती मुकदमों की बड़ी चर्चा होती थी। राष्ट्रवादी आंदोलनकारी अथवा क्रांतिकारियों पर चलाये जा रहे मुकदमे की खबर अखबारों में छपती थी। बम बनाने के आरोप में अरविंद घोष पर मुकदमा चला और इस मुकदमे ने उन्हें तथा उनके बचाव में खड़े वकील और भावी कांग्रेस नेता सी.आर. दास को 'नायक' बना दिया। बहुत-से अभियुक्त, मुकदमे की सुनवाई के दौरान अदालत में 'वंदे मातरम्' का उद्घोष करते थे। खुदीराम बोस को सन् 1908 में मैजिस्ट्रेट की हत्या की कोशिश करने के जुर्म में फाँसी दे दी गई। खुदीराम बोस ने अपने बयान की शुरुआत 'वंदे मातरम्' से की थी।[44] मिदनापुर के मैजिस्ट्रेट की हत्या के जुर्म में प्रद्योत भट्टाचार्य को 1932 ई. में फाँसी दी गई। उन्होंने अपने अंतिम संदेश में लिखा : 'हमारे बलिदान से भारत जागेगा। वंदे मातरम्।'[45]

ये सारे तथ्य मुकदमे की सुनवाई के दौरान ही प्रकाश में आये। लोगों के मन में यह बात बड़ी गहराई से कौंधती थी कि देश पर प्राण न्यौछावर करने वाले लोगों ने 'वंदे मातरम्' को अपना मंत्र बना लिया है। इसके अतिरिक्त जिलास्तर के अंग्रेज अधिकारियों ने इस नारे पर प्रतिबंध भी लगाया। (मिसाल के तौर पर, रंगपुर के मैजिस्ट्रेट ने सन् 1905 में प्रतिबंध लगाया था)[46] लेकिन प्रतिबंध को लागू कर पाना कठिन था। प्रतिबंध के कारण 'वंदे मातरम्' शब्द ज्यादा लोकप्रिय हुआ।

राजद्रोही गीत प्रकाशित करने के आरोपों ने भी इस दिशा में योगदान किया। ऐसे मामलों में आरोप भारतीय दंड संहिता की धारा 124-ए और 153-ए के तहत लगाये जाते थे : 'जो कोई भी अपने वचन या लेखन से...सरकार के प्रति घृणा या निंदा फैलाता है या ब्रिटिश भारत में विधि द्वारा स्थापित सरकार के प्रति अवज्ञा फैलाने की कोशिश करता है, वह राजद्रोह का अपराधी है।[47] बंगाल के 'स्वदेशी आंदोलन' के मुकदमों में दंड संहिता के इस अंश की व्याख्या सरकार बनाम बी.जी. तिलक के फैसले के आलोक में की गई। इस फैसले में कहा गया था कि 'अवज्ञा' का अर्थ है 'जनता के कष्ट और दुर्दिन' के लिए सरकार को जिम्मेदार ठहराना, या विदेशी शासन के बारे में शत्रुतापूर्ण बातें कहना अथवा सरकार पर यह आरोप लगाना कि वह जनकल्याण पर ध्यान नहीं देती या जनता से शत्रुतापूर्ण बरताव करती है।[48] 'अवज्ञा' की एक परिभाषा यह भी थी–'राजनीतिक अलगाव या असंतोष...जो सरकार के आदेशों को न मानने की प्रवृत्ति जगाता है।'[49] व्याख्या करने के इस ढंग और दंड संहिता की उपर्युक्त धाराओं की मौजूदगी के कारण 'वंदे मातरम्' का किसी भी तरह का उपयोग राजद्रोह के दायरे में आ सकता था। इसके अतिरिक्त, सन् 1909 मे बंगाल में न्यायाधीश ने एक फैसला दिया। यह फैसला एक खास तरह की परंपरा कायम करने वाला साबित हुआ। इस फैसले में कहा गया कि मुद्रक अथवा प्रकाशक ने 'गीत की रचना नहीं की, इस तथ्य से उसका अपराध

कम नहीं हो जाता।'[50] ऐसे मुकदमों में, जिनमें आरोप 'वंदे मातरम्' के बजाय अन्य गीतों के आधार पर लगाये गये थे–गीत के रचनाकार को प्रकाशक की तुलना में ज्यादा कठोर दंड दिया गया। इस तरह के मुकदमों में लोककवि मुकुंदलाल दास का मुकदमा ज्यादा प्रसिद्ध हुआ था। उन्हें 1904 में दो वर्ष के कठोर कैद की सजा दी गई।[51]

'वंदे मातरम्' गीत में भारतमाता की प्रस्तुति जिस तरह से की गई है, उसको आधार मानकर बनाये गये चित्र भी बहुत लोकप्रिय थे। ऐसे चित्रों में पोलियोग्राफ या तैलचित्र शामिल थे। ये चित्र कुछ-कुछ कैलेंडर में छपे चित्रों के समान होते थे और बाजार में इन्हें यहाँ-वहाँ जब-तब बेचा जाता था। ऐसे चित्रों का जिक्र पुलिस रिपोर्ट में मिल जाता है। मिसाल के तौर पर, ऐसी एक रिपोर्ट में कहा गया है–'आर्यमाता शीर्षक से छपी तस्वीर में श्यामजी कृष्णवर्मा और अन्य चरमपंथियों को एक रूपकात्मक प्रस्तुति के अंतर्गत चित्रित किया गया है'[52] अथवा 'वंदे मातरम्' शीर्षक से छपी तस्वीर में जाने-माने चरमपंथियों और राष्ट्रवादियों की तस्वीर है और इसे रूपकात्मक तरीके से 'वंदे मातरम्' शब्द के भीतर दिखाया गया है।'[53] एक तस्वीर के बारे में पुलिस रिपोर्ट में दर्ज है–'इस चित्र का शीर्षक है 'राष्ट्रनायक'। राष्ट्रनायक ने अपने हाथ में भारतमाता का एक छोटा मानचित्र उठा रखा है और उसकी कलाई पर 'वंदे मातरम्' लिखा हुआ है' और उसके इर्द-गिर्द शिवाजी, रामदास, विवेकानंद, नाना साहेब, लक्ष्मीबाई, अरविंद तथा अन्य को चित्रित किया गया है।[54] ऐसे रूपकात्मक चित्रों में सर्वाधिक प्रसिद्ध चित्र 'भद्रवर्गीय चित्रकला' के दायरे में बना और इसे 'राजद्रोहात्मक कला' के अंतर्गत दर्ज नहीं किया गया। यह अवनींद्रनाथ टैगोर द्वारा बनाया गया (1906) चित्र था। अवनींद्रनाथ टैगोर चित्रकला के बंगाल स्कूल के संस्थापक थे और एक समय कलकत्ता के आर्ट्स कॉलेज के प्राचार्य भी रहे।[55] 'भारतमाता' शीर्षक का यह चित्र बंगाली मैगजीन में छपा और बाद में इसे कई रूपों में छापा गया। इस चित्र का उपयोग 'स्वदेशी

अंदोलन' के दौरान प्रदर्शनों के बैनर में भी किया गया था।[56] भगिनी निवेदिता ने इस चित्र की प्रशंसा में कहा था कि इसमें मातृभूमि की आत्मा को उकेरा गया है—यह मातृभूमि आस्था और विश्वास देती है; भोजन और वस्त्र देती है (इसे चित्र में प्रतीकात्मक ढंग से दिखाया गया है। 'भारतमाता' ने अपने चार हाथों में अलग-अलग वस्तुएँ धारण की हैं)।[57] एक और प्रसिद्ध प्रतीक तिरंगा झंडा था जिसे सन् 1907 में भीकाजी कामा की अगुवाई वाले राष्ट्रीय दल ने तैयार किया था। इस बात की तरफ इशारा किया जाता रहा है कि तिरंगा की बनावट 1906 में सोची गई और उस समय प्रचलित एक झंडे को इसके लिए आधार बनाया गया। इस झंडे का प्रयोग कलकत्ता में कृष्णकुमार मित्र की अगुवाई वाला एक अल्पज्ञात राष्ट्रवादी समूह करता था।[58] दोनों झंडों के बीच में 'वंदे मातरम्' लिखा रहता था। मैडम भीकाजी कामा के समूह द्वारा प्रयुक्त झंडे को ही अमूमन पहले राष्ट्रीय झंडे के रूप में मान्यता दी जाती है।[59]

इस तरह, दृश्य और श्रव्य, कई तरह के माध्यमों से 'वंदे मातरम्' प्रधान विचार के रूप में, सन् 1905 के बाद राष्ट्रवादी संघर्ष की प्रेरणाभूमि बना। बंगाल में इस गीत को बड़ी लोकप्रियता हासिल हुई। अनूदित रूप में इसने भारत के कई हिस्सों में ख्याति अर्जित की। 'वंदे मातरम्' का नारा एक व्यापक क्षेत्र में राष्ट्रीयता के भाव अंकुरित करने वाला बीज साबित हुआ। 'वंदे मातरम्' गीत जुलूस और जनसभाओं में गाया जाता था; सन् 1940 के दशक तक ब्रिटिश अधिकारियों पर हमले के समय यही नारा लगाया जाता रहा। इसी तथ्य के आलोक में अंग्रेजी हुकूमत ने 'वंदे मातरम्' के प्रति अपनी राय बनायी। 1906 में जी.ए. ग्रियर्सन ने तथा 1910 में वैलेंटाइन शिरोल ने लंदन से प्रकाशित 'टाइम्स' में 'वंदे मातरम्' के प्रति ब्रिटिश अधिकारियों की दृष्टि को रेखांकित करते हुए लेख लिखे। भारतीय सिविल सर्विस के अधिकारी तथा भारतीय भाषाओं के अध्येता के रूप में ख्याति अर्जित करने वाले ग्रियर्सन ने लिखा कि 'भारतमाता' और कोई नहीं बल्कि 'मृत्यु और विध्वंस की देवी काली है'।[60] भारत में जारी राजनीतिक उठापटक पर

अपने लेखन के लिए प्रसिद्ध सर वैलेंटाइन शिरोल ने लिखा कि यह गीत जनसामान्य से सबसे 'घटिया और क्रूर अंधविश्वास' के पालन की अपील करता है; यह गीत 'एक भयंकर देवी–काली या दुर्गा की पूजा' के लिए जनसामान्य को तैयार करता है।[61] बाद के दिनों में प्रसिद्ध बंगाली साहित्यालोचक प्रो. आर. के. दासगुप्ता ने ऐसे विचारों को 'विलक्षण व्याख्या' की संज्ञा दी।[62] दासगुप्ता का कहना था कि कर्नल स्लीमैन ने ठगों, अपराधी जत्थों तथा बटमारों से संबंधित अपने संस्मरण में 'काली संप्रदाय' के बारे में लिखा है और ये व्याख्याएँ इसी वर्णन से प्रेरित हैं।

दरअसल, ग्रियर्सन तथा शिरोल की व्याख्याओं पर उनके समकालीन अंग्रेज विद्वानों ने खुद ही सवाल उठाये थे। ऐसे विद्वानों में आई. सी. एस. अधिकारी हेनरी कॉटन तथा कैंब्रिज के शिक्षक जे.पी. एंडरसन शामिल हैं। इन दोनों ने लंदन से प्रकाशित 'टाइम्स' में लेख (13 तथा 14 सितंबर, 1906) लिखे और 'वंदे मातरम्' गीत को मातृभूमि की स्तुति बताते हुए उसकी व्याख्या की।[63] बहरहाल, ग्रियर्सन तथा शिरोल की व्याख्याओं को ही आधिकारिक तौर पर स्वीकार किया गया और भारत में जारी असंतोष तथा राजद्रोह से संबंधित रॉलेट कमेटी की रिपोर्ट में इसी व्याख्या को सन् 1918 में स्वीकार किया गया।

रॉलेट कमेटी ने अपने फैसलों का आधार ब्रिटिश अधिकारियों की रिपोर्ट को बनाया था। आई. सी. एस. अधिकारी एच.सी. साल्केड की गोपनीय रिपोर्ट इसका प्रमुख उदाहरण है। अलीपुर बमकांड के सिलसिले में अरविंद घोष की गिरफ्तारी के तुरंत बाद, सन् 1908 में साल्केड को 'आतंकवादी' अथवा उग्र राष्ट्रवादी समूहों की खोजबीन के लिए विशेष मैजिस्ट्रेट नियुक्त किया गया था। अपनी गोपनीय रिपोर्ट में साल्केड ने उग्र राष्ट्रवादी संगठनों की पुलिसिया छानबीन में बरामद 1400 दस्तावेजों से उद्धरण दिए थे। इन उद्धरणों के सहारे वे यह साबित करना चाहते थे कि बंगाल के उग्र राष्ट्रवादी मूलतः 'शक्तिस्वरूपा आद्यशक्ति काली के भक्त हैं और काली, दुर्गा का ही

एक रूप है जिसका उद्देश्य राक्षसों का संहार करना है। मौजूदा परिस्थितियों में क्रांतिकारियों की नजर में दमन पर उतारू अंग्रेज निश्चय ही राक्षस हैं और स्वभावतया काली उनकी आराध्य देवी हैं जिनके आगे क्रांतिकारी शपथ उठाते हैं।'[64] इसमें कोई शक नहीं कि अधिकांश उग्र राष्ट्रवादी अथवा तत्कालीन सरकार की भाषा में कहें तो 'क्रांतिकारी'—काली की प्रतिमा के आगे शपथ लेते थे तथा बंगाल में मौजूद शक्ति-पूजा की परंपरा से उनकी उग्र राष्ट्र भावना को बल मिलता था। बहरहाल, यहाँ सवाल यह उठता है कि 'वंदे मातरम्' में वर्णित 'माता' क्या देवी काली है अथवा इस गीत में मातृभूमि की देशभक्तिपूर्ण धारणा का मानवीकरण किया गया है? हेनरी कॉटन और जे. पी. एंडरसन ने माना था कि 'वंदे मातरम्' गीत में मातृभूमि की देशभक्तिपूर्ण धारणा का मानवीकरण किया गया है लेकिन ये दोनों अपने वक्त में सक्रिय विद्वानों के बीच अल्पसंख्यक थे। शासक जाति के सदस्यों पर हिंसा के कृत्य के साथ 'वंदे मातरम्' नारे का साहचर्य स्थापित हो गया था और 'वंदे मातरम्' के बारे में यह तथ्य महत्त्वपूर्ण साबित हुआ। भारत के ब्रिटिश अधिकारियों ने जब देखा कि 'वंदे मातरम्' गीत के बिम्बों तथा अर्थध्वनियों को लेकर हिंदू और मुसलमानों के बीच संघर्षपूर्ण स्थितियाँ बन सकती हैं तो इस गीत के प्रति मौजूद उनकी नकारात्मक राय ने एक राजनीतिक पक्ष का रूप ले लिया।

और तब भी, क्या यह कहा जा सकता है कि इस गीत में किन्हीं मूल धर्म-भावनाओं को जगाने की अपील के सिवा कुछ न था? क्या यह गीत धार्मिक अर्थध्वनि की ताकत मात्र से लोगों के मन-मस्तिष्क पर छा गया? राजनीतिक उद्देश्यों के लिए इस गीत को हाँकने से पहले, इसके पाठ से क्या अर्थ निकाले गये थे? इस गीत के पहले दो अंतरे तथा शेष अंतरों के बीच अर्थगत एकरूपता में जो महीन फाँक नजर आती है, उसका कारण क्या है? ये सारे सवाल हमें सन् 1870 तथा 1880 के दशक में ले जाते हैं, उस वक्त में जब इस कविता की रचना हुई थी।

अध्याय चार

कविता

'वंदे मातरम्' कविता की रचना बंकिमचंद्र चटर्जी ने कब की थी–यह सुनिश्चित नहीं किया जा सकता। हम बस इतना जान पाते हैं कि इस कविता ने बंकिम के मन में सन् 1872 से 1875 की लंबी अवधि में आकार ग्रहण किया। कविता के पहले कुछ अंतरे, जिसमें वे अंश भी शामिल हैं, जिन्हें आज राष्ट्रगीत के रूप में जाना जाता है, 'आनंदमठ' में प्रकाशित होने के बहुत पहले लिखे गए थे। बंकिम के अनुज ने अपने संस्मरण में लिखा है कि यह कविता बंकिमचंद्र के अध्ययन-कक्ष में कई वर्षों तक पड़ी रही। साहित्यिक पत्रिका के संपादन में बंकिम की मदद करने वाले एक सहायक की नजर इस कविता पर पड़ी और उसने कविता को दिखाते हुए कहा कि 'यह इतनी खराब भी नहीं है और पत्रिका के आगामी अंक में किसी खाली स्थान को भरने में पूरक सामग्री के तौर पर बेहतर साबित होगी।' बंकिम के भतीजे के अनुसार उस वक्त बंकिमचंद्र ने कविता को इस रीति से छापने से मना कर दिया और कहा–'अभी तुम शायद अनुमान न लगा पाओ कि यह अच्छी है या बुरी। समय ही बताएगा–मैं उस वक्त तक मर चुका होऊँगा लेकिन संभव है कि तुम वह दिन देखो।'[1] बात यहीं खत्म हो गई और जैसा कि हम जानते हैं–यह कविता तब तक अप्रकाशित रही जब तक बंकिम ने अपने जटिल विचारों की पच्चीकारी यानी 'आनंदमठ' के केंद्रीय तत्त्व के रूप में बरसों पहले लिखी गई इस कविता का इस्तेमाल नहीं कर लिया।

अंदरूनी साक्ष्यों से जान पड़ता है कि इस कविता के कुछ शुरुआती अंतरे सन् 1872 के बाद लिखे गए। इस बात के प्रमाण क्या हैं? इस कविता की नौवीं पंक्ति में मातृभूमि का वर्णन करते हुए, 'माता' रूप में मानवीकरण करके नमन किया गया है–'सप्तकोटी-कंठ-कलकल-निनादकराले'। भारतीय उपमहाद्वीप के पूर्वी भाग की जनसंख्या सात करोड़ थी। यह इलाका बंगाल के लेफ्टिनेंट गवर्नर के अधीन था। इस इलाके में आज के समय के बिहार, झारखंड, ओड़िसा, पश्चिम बंगाल तथा मौजूदा बाँग्लादेश शामिल थे। इस इलाके में पहली जनगणना सन् 1871 में हुई।[2] इससे पहले सात करोड़ का यह आँकड़ा ज्ञात नहीं था। बंकिम ने सन् 1872 ईस्वी में सन् 1871 की जनगणना के आँकड़ों के बारे में एक लेख लिखा था। यह कविता सन् 1872 ईस्वी से पहले यानी पूर्वी भारत की जनसंख्या के आँकड़ों के प्रकाशन से पहले लिखी ही नहीं जा सकती थी। एक प्रमाण और है। बंकिमचंद्र ने सन् 1874 ईस्वी में एक लेख लिखा। इस लेख और 'वंदे मातरम्' में व्यक्त विचारों में समानता है। 'लेख' और 'कविता' के विचार और बिम्बों में अनेकशः समानता है जिससे अनुमान लगाया जा सकता है कि दोनों एक ही समय लिखे गए।[3] तीसरा प्रमाण है अरविंद घोष का कथन, जो बाद में पांडिचेरी के श्री अरविंद के नाम से प्रसिद्ध हुए। अरविंद ने अप्रैल, 1907 में लिखा–'बत्तीस बरस पहले बंकिम ने अपना महान गीत लिखा था...।'[4] अरविंद, बंकिमचंद्र से अगली पीढ़ी के थे और संभव है, कुछ ऐसे लोगों से उनकी जान-पहचान हो जो रचनाकार को भली-भाँति जानते हों। अरविंद स्पष्ट लिखते हैं कि यह कविता सन् 1875 ईस्वी में लिखी गई। कुल मिलाकर कहा जा सकता है कि कविता का रचनाकाल 1872 ईस्वी से 1875 ईस्वी के बीच का है।

तब से लेकर सन् 1881 तक यह कविता धूल खाती रही। सन् 1881 में ही बंकिम ने अपने द्वारा संपादित साहित्यिक पत्रिका में इसे 'आनंदमठ' के एक अंश के रूप में प्रकाशित किया। ध्यान देने की बात यह भी है कि जब यह कविता उपन्यास का अंश बनी और

उपन्यास को धारावाहिक रूप से पत्रिका में छापा गया तो इसके पहले दो अंतरे उद्धरण चिह्न के बीच रखे गये थे; शेष कविता में उद्धरण चिह्न नहीं थे। ऐसा क्यों किया गया? यह अनुमान ठीक है कि रचनाकार पहले दो अंतरे को कविता के शेष अंश (13वीं से 27वीं पंक्ति तक) से अलग दिखाना चाहता था क्योंकि पहले दो अंतरे की रचना सन् 1875 ईस्वी के आस-पास हुई थी यानी शेष कविता की रचना से कहीं पहले। शेष कविता को इसी कारण उद्धरण-चिह्न के बीच नहीं रखा गया।[5] शेष कविता संभवतया 'आनंदमठ' के संदर्भ का ध्यान रखते हुए सन् 1881 में लिखी गई। मूल कविता और उपन्यास की कथा के अनुरूप रचित परवर्ती हिस्से का अंतर महत्त्वपूर्ण है क्योंकि परवर्ती हिस्से में ही हिंदुआनी तथा बुतपरस्ती के भाव वाले बिम्बों की भरमार है और इन्हीं बिम्बों पर गैर-हिंदू समुदाय के लोगों ने आपत्ति उठायी।[6]

इस प्रकार, प्रबल संभावना है कि मूल कविता (सन् 1875 ई. के आस-पास रचित) दो अंतरे तथा बारह पंक्तियों की हो, इसमें शेष कविता (सन् 1881 में रचित) बाद में जोड़ी गई जब इसे 'आनंदमठ' में शामिल किया गया। पहले दो अंतरे का अंग्रेजी में अनुवाद अरविंद घोष[7] ने किया था जो निम्नलिखित है :

I bow the thee, mother

...

...

...

('वंदे मातरम्'!
सुजलां सुफलां मलयज शीतलां
शस्य-श्यामलां मातरम्।
शुभ्र-ज्योत्स्ना-पुलकित-यामिनीम्
फुल्ल-कुसुमित-द्रुमदल-शोभिनीम्
सुहासिनीं सुमधुर-भाषिणीम्
सुखदां बरदां मातरम्।

सप्तकोटी-कण्ठ-कलकल-निनाद-कराले
द्विसप्तकोटी भुजै धृत-खरकरवाले
के बले मा तुमि अबले
बहुबल-धारिणीं नमामि तारिणीं
रिपुदल-वारिणीं मातरम्)

कविता के बाद के अंतरे ही उस भाग का निर्माण करते हैं जिसे उपन्यास का नायक गाता है। सन् 1770 ई. में बंगाल में संन्यासी-विद्रोह हुआ था। इस विद्रोह के संदर्भ में कविता के ये अंतरे उचित हैं क्योंकि तत्कालीन हुकूमत बंगाल के मुस्लिम नवाब और शक्तिशाली ईस्ट इंडिया कंपनी के अधिकारियों के आपसी गठबंधन पर टिकी हुई थी। यह गठबंधन समानता पर आधारित न था। ईस्ट इंडिया कंपनी के अधिकारी सन् 1765 ई. से नवाब की तरफ से टैक्स वसूली कर रहे थे। उपन्यास में शामिल करने के उद्देश्य से जो शब्द संभवतः 1881 ईस्वी में जोड़े गए वे निम्नलिखित (पुनः अरविंद घोष कृत अनुवाद) हैं :

Thou art knowledge, thou art conduct
...

(तुमि विद्या तुमि धर्म्म
तुम ह्वदि तुमि मर्म्म
त्वं हि प्राणाः शरीरे
बाहुते तुमि मा शक्ति
ह्वदये तुमि मा भक्ति
तोमारइ प्रतिमा गड़ि
मंदिरे मंदिरे
त्वं ही दुर्गा दशप्रहरण-धारिणी
कमला कमल-दल-विहारिणी
वाणी विद्यादायिनी
नमामि त्वां

नमामि कमलां अमलां अतुलां
सुजलां सुफलां मातरम्
वंदे मातरम्।
श्यामलां सरलां सुस्मितां भूषितां
धरणीं भरणीं मातरम।।)

अरविंद घोष कृत उपर्युक्त अंग्रेजी अनुवाद सन् 1909 में प्रकाशित हुआ। इस अनुवाद में ध्यान देने की एक बात यह है कि उन्होंने कविता के इस हिस्से की पहली पंक्ति में आये शब्द 'धर्म्म' का अनुवाद conduct (आचरण) किया है न कि Religion (धर्म्म)। बहुतों ने रेलिजन को आचार-संहिता या जीवन-शैली के बजाय धर्म का समानार्थी माना है। यह दृष्टि धार्मिक समुदायों की अलगाव-भावना पर जोर देती है। अरविंद कृत अनुवाद में 'धर्म्म' शब्द की प्रस्तुति निहायत अलग है। यही है वह मूल बात जिससे 'वंदे मातरम्' की व्याख्या एक गीत, नारा या युद्धघोष के रूप में करते समय अथवा इस रूप में 'वंदे मातरम्' का इस्तेमाल राजनीतिक हितसाधन के लिए करते समय किसी राष्ट्रवादी और सांप्रदायिक के बीच अंतर पैदा होता है।

अब कुछ बातें शैली-विज्ञान की कर ली जायें। कम से कम शब्दों में कहें तो भी कहना पड़ेगा कि 'वंदे मातरम्' की भाषा अनूठी है। बंकिम के कनीय समकालीन (1853-1931) प्रसिद्ध संस्कृतज्ञ और भारतविद्याविद्, हरप्रसाद शास्त्री का विचार था कि 'वंदे मातरम्' की भाषा बेमेल और अव्याकरणिक है। उन्होंने याद दिलाया है कि बंकिमचंद्र के समकालीन अनेक रचनाकारों ने बंकिम का ध्यान इस तरफ दिलाया था। मिसाल के तौर पर, संस्कृत पदावली की बाँग्ला की पदावली के साथ इस कविता में घालमेल है और बांग्ला भाषा की एक पंक्ति में संबोधनकारक (के बले मा तुमि अबले) का प्रयोग किया गया है जो स्पष्टतया अव्याकरणिक है। बंकिमचंद्र का जवाब था– 'आप चाहें तो इसे पढ़ें, नहीं तो, फेंक दें।'[8] संस्कृत की पदावली के ऐन बीच में बंकिमचंद्र ने बाँग्ला की एक-दो नहीं बल्कि सात-सात

पंक्तियां क्यों लिखीं? आधुनिक बाँग्ला भाषा के निर्माता ने संस्कृत का प्रयोग ही क्यों किया?

चूँकि बंकिम ने कभी नहीं सोचा कि इस मामले में जवाब देने की जरूरत है, इसलिए, हम सिर्फ अनुमान लगा सकते हैं कि उन्होंने ऐसा क्यों किया? शुरुआती अंश यानी 'वंदे मातरम्' संस्कृत में है। संस्कृत भाषा की रचनाओं के आरंभ में 'वंदना' लिखने की परंपरा मिलती है। संभव है, यह पंक्ति इसी परंपरा से प्रेरित हो। बहरहाल, इस तरह की परंपरा मध्यकालीन बाँग्ला साहित्य में भी मिलती है। अतः 'वंदना' का यह अंश बाँग्ला में भी लिखा हो सकता है। यह भी कहा जाता है कि इस कविता में संस्कृत और बाँग्ला का मेल जयदेव कृत 'गीतगोविंद' की तर्ज पर किया गया है। 'गीतगोविंद' में शास्त्रीय औदात्य से परिपूर्ण संस्कृत तत्कालीन बोलियों की मधुरता और तरलता से पगी हुई है।[9] लेकिन, बंकिम की इस कविता और 'गीतगोविंद' का अंतर भी बड़ा प्रकट है। बंकिम की यह कविता संस्कृत छंदशास्त्र में स्वीकृत छंदों के अनुकूल नहीं है, जबकि 'गीतगोविंद' संस्कृत के छंद में निबद्ध है। इसके अतिरिक्त, जयदेव ने बंकिम की तरह भाषाओं का घालमेल भी नहीं किया। एक ज्यादा संगत व्याख्या यह भी की गई है कि संस्कृत पदावली के बीच बाँग्ला का मिश्रण एक प्रकार का स्वगत कथन है। कवि स्वयं से बात कर रहा है, 'कवि की मातृभाषा में एक दबी हुई चीख...'तो मेरी माँ इतनी अबला क्यों है?' इसे संस्कृत में लिखा जा सकता था लेकिन जो अंतःप्रेरणा की आवाज को दबाने का साहस करता है वही कवि अपनी फुसफुसाहट में लगभग मूक जान पड़ता स्वगत कथन करता है, यह फुसफुसाहट गहरी आंतरिक वेदना की अभिव्यक्ति होती है...सिर्फ मातृभाषा के शब्दों में ही संभवतया इस उत्तेजित मगर हतचेतन दुख की अभिव्यक्ति हो सकती है।'[10] कविता, बीच-बीच में संस्कृत-वंदना के अपने प्रवाह से कवि के हृदय से फूटती मातृभाषा की तरफ लौटती है और 'इसी कारण दो भाषाएँ परस्पर गुँथ' जाती हैं।

यह बहुत विश्वसनीय व्याख्या है और कविता की रचना के

इतिहास से भी मेल खाती है। यह कविता, पहले, किसी उपन्यास अथवा अन्य कृति के अंशरूप में नहीं लिखी गई। यह कवि की स्वांतः सुखाय रचना थी। संभवतया उस वक्त, इस कविता की भाषा और मुहावरे के चयन में कवि की कोई सचेत रणनीति नहीं थी। वस्तुतः यह भाषा बंकिम की स्वाभाविक भाषा भी हो सकती है क्योंकि वे संस्कृत के मर्मज्ञ थे और साथ ही, आधुनिक बाँग्ला-भाषा के निर्माण में प्रयोगधर्मी भी।

एक वैकल्पिक व्याख्या यह भी की गई है कि बंकिम की भाषायी रणनीति एक सुदूर और अमूर्त विज़न के 'अनुकूल, गूढ़ भाषा का आवरण' तलाशने की है।[11] बहरहाल, हमें 'वंदे मातरम्' कविता की ऐतिहासिक अवस्थिति को दिमाग में रखना चाहिए। संस्कृत और संस्कृतनिष्ठ बाँग्ला भाषा सन् 1870 के दशक में शिक्षित बंगालियों के बीच उतनी अप्रचलित नहीं थी जितनी इसके सौ वर्ष बाद। उस वक्त एक हद तक साहित्य-रसिकों का एक नया समुदाय बन चुका था और बंकिम तथा उनकी साहित्य-बिरादरी संस्कृत भाषा से परिचित थी। बंकिम जैसे कुछ रचनाकारों की, संस्कृत की शब्द-संपदा का प्रयोग कर, बाँग्ला के नये शब्द गढ़ने की आदत थी। बंकिमचंद्र बाँग्ला भाषा की शब्द-संपदा को तकनीकी, वैज्ञानिक, दार्शनिक और अपने लेखों के वर्णनपरक उद्देश्यों के लिए बढ़ाना चाहते थे। वे इसके लिए लगातार संस्कृत शब्द-सागर में गोता लगाते थे। जहाँ तक 'काव्यभाषा' का संबंध है, अक्सर कविता का विषय कवि से माँग करता था कि वह 18वीं और शुरुआती 19वीं सदी (भरतचंद्र से लेकर ईश्वर गुप्त तक का युग) के दायरे से बाहर निकलकर पहले की किसी काव्यभाषा का आश्रय ले।

वसुधा डालमिया ने ध्यान दिलाया है कि भारतेंदु हरिश्चंद्र पुरानी ब्रजभाषा को 'काव्य-रचना की आदर्श भाषा' मानते थे न कि खड़ी बोली को।[12] भारतेंदु हरिश्चंद्र को हिंदी साहित्य के इतिहास में वही स्थान प्राप्त है जो बंकिमचंद्र को बाँग्ला भाषा और साहित्य में। भारतेंदु हरिश्चंद्र के अनुसार :

भाषा के तीन विभाग होते हैं—घर में बोली जाने वाली भाषा, कविता की भाषा और गद्य की भाषा...पश्चिमोत्तर प्रांत में (मौजूदा पश्चिमी उत्तर प्रदेश) कविता की भाषा 'ब्रजभाषा' है। यह तयशुदा है कि बहुत पुराने समय से लोगों ने इसी भाषा में कविता लिखी है। मैंने खुद भी कई दफे खड़ी बोली में कविता लिखने की कोशिश की लेकिन वैसी नहीं बन पड़ी जैसी मैं चाहता था।[13]

माना जा सकता है कि बंकिम बोलचाल की बाँग्ला को 'वंदे मातरम्' सरीखी कविता के लिए उपयुक्त नहीं मानते थे। वे बाँग्ला भाषा का, इस कविता में, यहाँ-वहाँ इस्तेमाल भर कर लेते हैं। भाषा के अनूठेपन के बावजूद, पूरी कविता अपने शब्द-विन्यास के कारण ऐसे प्रवाह में बहा ले जाती है कि पाठक बड़ी सहजता से एक भाषा से दूसरी भाषा में प्रवेश कर जाता है।

मूल प्रश्न अभी बना हुआ है : संस्कृत और बाँग्ला का घालमेल (खासकर कविता के तीसरे और चौथे अंतरे में) क्या सचेत चयन था? अगर ऐसा होता तो व्याख्या बड़ी सरल थी कि बंकिमचंद्र ने अधिकांश भारतीय भाषाओं (तमिल को छोड़कर) की जननी संस्कृत भाषा में इस कविता को मुख्य रूप से लिखा है और ऐसा करके वे अपना पाठकवर्ग बढ़ाने की कोशिश कर रहे थे। यह व्याख्या संदेहास्पद है क्योंकि ऐसा नहीं लगता कि बंकिमचंद्र यह कविता यह सोचकर लिख रहे थे कि इसे पढ़ने के लिए पाठकगण तैयार बैठे हैं। दरअसल, सन् 1870 तक ऐसा पाठकवर्ग बना भी नहीं था। बंकिमचंद्र की प्रशंसा एक अग्रदूत के रूप में की जाती है। उन्हें भारत के प्रथम उपन्यासकार, आधुनिक भारतीय भाषा के निर्माता तथा आधुनिक पत्रिका के प्रथम संपादक के तौर पर पाठकवर्ग के निर्माता के रूप में याद किया जाता है। ये सारी बातें एक महत्त्वपूर्ण तथ्य की तरफ इशारा करती हैं जिसकी हम अनदेखी करते हैं। 19वीं सदी के मध्यवर्ती दशकों में बंकिम चंद्र निपट अकेले थे। अकेलेपन में लिखी बंकिम की 'वंदे मातरम्' कविता ठीक वैसे ही है मानो कोई स्वयं से

बोल रहा हो। यही कारण है कि उन्होंने इसे कई वर्षों तक नहीं छपवाया, इस कविता पर भाषायी दोष के दाग थे, यह कविता परंपरागत छंदशास्त्र के विधान को तोड़ती थी और शायद यह बात भी थी कि यह कविता बहुत-से लोगों के हृदय की वाणी थी।

शैली विज्ञान के मर्मज्ञ बताते हैं कि कालक्रम में कुछ रूपक मृत हो जाते हैं। कहा जा सकता है कि आज बहुत-से लोग मातृभूमि के रूपक को निष्प्राण मानते हैं क्योंकि अब यह रूपक उनके मन में वह भावावेश जगाने में असमर्थ है जो देश के मानवीकरण करने वाले रूपक में होता है। रचना के क्षण की मातृभूमि की धारणा, और वह धारणा जिसका इस्तेमाल अपने हितसाधन में करके राजनेताओं ने दूषित किया–एक नहीं कहे जा सकते। दोनों में अंतर है। अभी हम 'मातृभूमि' की उस धारणा का अवलोकन कर रहे हैं जब बंकिम के समय और समाज में इसकी रचना हुई थी। इस धारणा के रचयिता अकेले बंकिम नहीं थे। कुछ और लोगों ने इसकी रचना में हिस्सा लिया था लेकिन हुआ यह कि 'वंदे मातरम्' पूरे देश में मातृभूमि की धारणा का सर्वश्रेष्ठ वाहक बन गया।

देश का मानवीकरण माता के रूप में करने की काव्यात्मक शक्ति के मूल में है इस रूपक की एक अमूर्त भाव को मूर्त्त करने की शक्ति; निष्प्राण को अनुप्राणित करने की शक्ति। 'वंदे मातरम्' की रचना के लगभग एक दशक पहले माइकेल मधुसूदन दत्त ने सन् 1862 ई. में रचित प्रसिद्ध कविता 'टू दी लैंड ऑफ बंगाल' में देश को माता के रूप में संबोधित किया था।[14] यह एक साहित्यिक युक्ति थी। इस बात की तरफ भी इशारा किया गया है कि एक प्रतीकात्मक नाटक 'भारतमाता' का मंचन कलकत्ता में सन् 1873 ई. में हुआ था।[15] उस वक्त के एक बाँग्ला कवि हेमचंद्र बनर्जी ने 'भारती-जननी का जागरण' शीर्षक से एक कविता भी लिखी थी। भारतेंदु हरिश्चंद्र ने समूह-गान के लिए एक कविता 'भारत भीक्षा' नाम से सन् 1875 ई. में लिखी थी जो 'हेमचंद्र बनर्जी की कविता की विषयवस्तु को आधार बनाकर लिखी गई थी और एक तरह से छायानुवाद थी।'[16] इस तरह

'भारत-जननी की पुनर्प्रस्तुति हुई। यहाँ तक कि रवीन्द्रनाथ टैगोर ने सन् 1877 ई. में इसी विषय पर कविता लिखी हालाँकि कुछ समय बाद उनके मन में यह चिंता भी व्यापी कि देश को माता–स्वरूप में प्रस्तुत करने पर इस रूपक के साथ जुड़ी धारणाओं की भ्रांत धार्मिक व्याख्या की जा सकती है। रवीन्द्रनाथ की उम्र इस समय सोलह साल थी और यह उनकी रची तीसरी कविता थी। इसमें उन्होंने लिखा--'माँ! तुझे मेरा तन और मेरी आत्मा समर्पित!'[17]

इस प्रकार सन् 1860 तथा 1870 के दशक में देश का 'माता' के रूप में मानवीकरण कोई अनजानी बात नहीं थी। बंकिम के मन में शास्त्रीय धारणा भी मौजूद रही होगी। वाल्मीकि रामायण के बंगाल में प्रचलित पाठ में 'जननी जन्मभूमिश्च स्वर्गादपि गरीयसि' जैसी पंक्ति मिलती है।[18] बंकिम ने अपने एक लेख में मनुस्मृति से उद्धरण दिया है। इसमें पृथ्वी को माता के समान बताया गया है।[19] जी.ए. ग्रियर्सन और वैलेंटाइन शिरोल जैसे अंग्रेज लेखकों की यह बात गलत है कि हिंदू मानस के लिए 'मातृभूमि' की धारणा पूर्णतया विदेशी है। यह उनकी मान्यता भर थी और अपने तर्क को स्थापित करने के लिए ऐसा मानना उनके लिए जरूरी था। इन लेखकों ने तर्क दिया था कि 'वंदे मातरम्' में जिस देवी की वंदना की गई है वह हिंदू धर्मशास्त्रों में वर्णित मृत्यु और विनाश की देवी काली है।[20] इन लेखकों का कहना था कि 'वंदे मातरम्' का अन्य कोई संगत अर्थ नहीं लगाया जा सकता। यह बात ठीक है कि ग्रियर्सन भारतीय भाषाओं और बिहार के कृषक-जीवन के अतिरिक्त अन्य कई बातों के अच्छे जानकार थे लेकिन उच्चवर्गीय साहित्य की उन्हें सीमित जानकारी थी। मध्यवर्ग के साहित्य में 'मातृभूमि' के प्रतीक के प्रयोग में निहित मूल बात की तरफ इशारा करते हुए पार्थ चटर्जी ने लिखा है कि 'अलग-थलग पड़े छोटे-से मध्यवर्ग के भीतर विक्षोभ था; यह मध्यवर्ग नित्य-प्रति राजनीतिक पराधीनता की सच्चाइयों से अपमानित होता था लेकिन प्रतिकार में कुछ कर पाने में अशक्त था। यह मध्यवर्ग अपनी आत्मा की गहराइयों से संकल्प और साहस बटोर

रहा था ताकि चरम बलिदान देकर राष्ट्र के गौरव की रक्षा कर सके।'[21] ब्रिटिश इंडिया के बारे में बात कर रहे ग्रियर्सन और शिरोल के लिए हिंदुस्तानी मध्यवर्ग की इस मनोदशा को जान पाना असंभव था।

इस बात से इंकार नहीं किया जा सकता कि 'वंदे मातरम्' गीत के अलंकार और बिम्ब में निहित 'मातृभूमि' के धार्मिक पक्ष के प्रति बहुतों के मन में आदिम आकर्षण का भाव पनपा। किंतु, इससे तत्काल इस निर्णय पर पहुँचना कि 'मातृभूमि' के प्रत्यय पर धार्मिक कट्टर- पंथियों का विशेषाधिकार है--गलत होगा। देश की माता के रूप में प्रस्तुति के अर्थ अलग-अलग लोगों के लिए अलग-अलग थे और अर्थों की इस विविधता की अनदेखी करने का मतलब होगा धार्मिक कट्टरपंथियों को 'मातृभूमि' के प्रत्यय पर विशेषाधिकार देना।

'वंदे मातरम्' की राजनीतिक संस्कृति माँग करती है कि हम उस पर ध्यान दें। कोई रचना अगर अपने सृजन के समय के बाद भी बहुत दिनों तक जीवित रहती है तो निश्चित रूप से उसके भाग्य में नये अर्थ धारण करना बदा रहता है। सन् 1920 के दशक के उत्तरार्द्ध से हिंदू और मुस्लिम सांप्रदायिकता में उभार आया, साथ ही यह कविता सर्व-समावेशी होने में असफल साबित हुई। ऐसे में यह कविता राजनीतिक विमर्श का केंद्रीय मुद्दा बन गई। क्या यह कविता मुस्लिम-विरोधी नहीं थी? क्या यह कविता प्रांतीय नहीं थी? क्या इस कविता में तत्कालीन जनगणना में बताई गई समस्त आबादी को 'मातृभूमि' के उपासकों के रूप में शामिल किया गया है? इन प्रश्नों के संदर्भ में बीसवीं सदी के अधिकांश समय में 'वंदे मातरम्' पर विचार किया गया और कमियाँ खोजी गईं। अगर ऐसा हुआ तो ठीक ही हुआ। बहरहाल, सन् 1870 के दशक में, जब बंकिम ने इस कविता की रचना की थी; स्थिति कुछ अलग थी। एक बात तो यही कि तब 'बंगमाता' और 'भारतमाता' के बीच असंगति देखकर कोई हंगामा खड़ा नहीं हुआ।[22] जब बंकिम ने मातृभूमि के उपासकों का

वर्णन 'सप्तकोटी' शब्द से किया तब उनके दिमाग में संपूर्ण बंगाल प्रेसिडेंसी की जनसंख्या थी। बंगाल प्रेसिडेंसी में उस वक्त बिहार और छोटा नागपुर, ओड़ीसा, पश्चिम बंगाल, बाँग्लादेश तथा असम शामिल थे। जनगणना के आकलन के मुताबिक उस वक्त इस इलाके की जनसंख्या 6.7 करोड़ थी। बंकिम ने अप्रैल, 1870 ई. में अपने साहित्यिक पत्रिका के संपादकीय में पाठकों के लाभार्थ इस तथ्य का उल्लेख किया था। कविता की ध्वन्यात्मकता के लिहाज से, इसी कारण सप्तकोटी शब्द के रूप में एक पूर्ण संख्या का इस्तेमाल किया गया है। बहरहाल, ब्रिटिश इंडिया की कुल जनसंख्या को ध्यान में रखकर भारतीय राष्ट्रीय कांग्रेस के बनारस अधिवेशन (1905) में यह गीत थोड़े संशोधन के साथ गाया गया। तब 'सात करोड़' के स्थान पर 'तीस करोड़' शब्द का व्यवहार किया गया था।[23] इसके बाद भी संशोधन हुए और 'सप्तकोटी' शब्द के स्थान पर 'कोटी-कोटी' शब्द का व्यवहार हुआ क्योंकि जनसंख्या बढ़ रही थी। यह संपूर्ण आबादी को शब्द के सटीक अर्थों में शामिल करने की सनक थी अन्यथा मूल कविता में आये 'सप्तकोटी' शब्द को देश की संपूर्ण आबादी का वाचक मानकर भी ग्रहण किया जा सकता था।

बंकिम के शब्द 'सप्तकोटी' में बंगाल के लेफ्टिनेंट गवर्नर के अधीन आने वाले समस्त क्षेत्र की जनसंख्या (सन् 1874) की व्यंजना हुई थी और इस आँकड़े में इलाके की मुस्लिम जनसंख्या भी शामिल थी। संख्या के लिहाज से देखें तो कविता में इलाके की मुस्लिम आबादी शामिल थी लेकिन कविता की प्रतीक-योजना को ध्यान में रखें तो यह बात ठीक नहीं जान पड़ती। जैसा कि पहले लिखा जा चुका है, यह बात सुनिश्चित है कि कविता की पहली बारह पंक्तियाँ अर्थात् पहले दो अंतरे सन् 1872 से 1875 ई. के बीच लिखे गये थे जबकि कविता के शेष अंश सन् 1881 ई. में जोड़े गये जब 'आनंदमठ' का पत्रिका में धारावाहिक रूप से प्रकाशन हुआ। कविता के परवर्ती अंश पर उपन्यास के संदर्भ की रंगत चढ़ी हुई है क्योंकि इसे उपन्यास के मुख्य चरित्र यानी हिंदू संन्यासी गाते हैं। 'तोमारइ

प्रतिमा गड़ि मंदिरे मंदिरे/त्वं हि दुर्गा दश प्रहरण-धारिणी/कमला कमल-दल-विहारिणी' जैसी पंक्तियाँ हिंदू प्रतीकों से भरी हुई हैं और धार्मिक मनोभाव को जगाती हैं। ऐसी पंक्तियाँ शायद ही गैर-हिंदू पाठक/श्रोता को ध्यान में रखकर लिखी गई होंगी। बहरहाल, सन् 1870 के दशक में किसी समय लिखे गये पहले दो अंतरे इस तरह के भाव से मुक्त हैं। हाँ, गीत के मुखड़े 'वंदे मातरम्' की व्याख्या जरूर बुतपरस्ती के रूप में की जा सकती है बशर्ते कोई इसे प्रतीकात्मक न माने। वस्तुतः बंकिम द्वारा रचे जाने के 50 बरस बाद, कविता में निहित मूर्तिपूजकता पर ही मुस्लिम राजनेताओं ने मुख्य आपत्ति उठायी। क्या थी कविता में निहित यह मूर्तिपूजकता?

राष्ट्र के अमूर्त विचार का इस कविता में मानवीकरण किया गया है और काव्य-युक्ति होने के बावजूद इसकी मूर्तिपूजकता के कोण से व्याख्या की जा सकती है। जान पड़ता है कि बंकिम को इसका भान नहीं था। सच्चाई यह है कि जब उन्होंने इस कविता के पहले हिस्से को लिखा तब वे स्वयं मूर्तिपूजा के विरोधी थी। सन् 1874 ई. में उन्होंने बंगाल में प्रचलित देवपूजा पर लेख लिखा था और इसमें उन्होंने मूर्तिपूजा का खंडन किया था। उन्होंने इस लेख में लिखा था :

> यदि पत्थर या मिट्टी की बनी कोई वस्तु हमारे मन में भक्ति जगाती है तो फिर अखिल ब्रह्मांड में व्याप्त अदृश्य सत्ता के प्रति भक्ति-भावना क्यों नहीं उदित हो सकती?...मूर्तिपूजा विज्ञान-विरुद्ध है। जहाँ भी मूर्तिपूजा का चलन होता है वहाँ ज्ञान की उन्नति नहीं होती। यूनान के दार्शनिक और वैज्ञानिक और आर्य–ऋषि जिन्होंने विज्ञान की उन्नति की, मूर्तिपूजक नहीं थे। दूसरे, मूर्तिपूजा मनुष्य के 'आत्म' की उन्नति में बाधा है। मूर्तिपूजा मनुष्य के मस्तिष्क को बाँध लेती है और मनुष्य के व्यक्तित्व के विकास, सुधार और उन्नति को खत्म कर देती है।[24]

इस तरह, बंकिम का निष्कर्ष था कि मूर्तिपूजा मनुष्य की

वैज्ञानिक जिज्ञासा और मनुष्य के आत्म-विकास में बाधक होने के कारण 'सामाजिक प्रगति को रोकती' है।[25] जिस व्यक्ति ने सन् 1874 ई. में ही मूर्तिपूजा की खुलकर भर्त्सना की हो, वह ठीक उसी समय मूर्तिपूजा को प्रोत्साहित करने के लिए कविता लिखेगा–ऐसा संगत नहीं जान पड़ता। सही बात यही जान पड़ती है कि जब यह कविता पहली दफा सन् 1872-75 में लिखी गई तब 'वंदे मातरम्' में वंदित प्रतीकात्मक सत्ता बंकिम के मन में ज्यादा गहराई से नक्श थी। सन् 1881 ई. में, जब 'आनंदमठ' में शामिल करने के लिए कविता को बढ़ाया गया तब पहले की कविता की भाषा और उसके बिम्ब में यह संभावना मौजूद थी कि उसे मातृभूमि के एक प्रत्यय की वंदना के रूप में देखा जाए। मातृभूमि के इस प्रत्यय के कुछ गुण हिंदू देवी के गुणों से मिलते थे। साथ ही, कविता का रूपांतरण इस तरह से करना था कि वह उपन्यास के संदर्भ के अनुकूल जान पड़े।

'वंदे मातरम्' के पहले पाठ में, अगर हिंदू देवी की नहीं बल्कि एक प्रतीकात्मक सत्ता की वंदना की गई है तो फिर वह मातृस्वरूपा सत्ता किन बातों का प्रतिनिधित्व करती है? अधिकांश पाठक इसे देश की काव्यात्मक प्रस्तुति मानते हैं लेकिन इस कविता की व्याख्या 'कॉम्तेवादी वंदना' के रूप में भी की गई है और कहा गया है कि 'यह देव-संस्कृति से मुक्त राष्ट्रवाद का धर्मसत्ता-विरोधी गीत है; यह गीत बंकिमचंद्र चटर्जी के देशभक्ति के सिद्धांत का परिणाम है जिसके अंतर्गत उन्होंने देश को पूज्य मान लिया और जिसका आत्यंतिक संबंध उनके कॉम्तेवादी धर्म से है।'...[26] कुछ अन्य लोगों ने इस कविता में वर्णित हिंदू प्रतीकों की ओर ध्यान दिलाया है। इनका तर्क है कि कविता की प्रतीकात्मकता और कुछ नहीं बल्कि कल्पना के झीने आवरण के भीतर हिंदू पुनरुत्थानवाद है।[27] इसके विपरीत एक तीसरा पक्ष है। इसके अनुसार बंकिम का संबंध 'युक्ति परंपरा' से है जो न सिर्फ पश्चिमी तर्कबुद्धिवादी-अनुभववादी परंपरा का बल्कि 'शास्त्रीय हिंदू बुद्धिवादी दर्शन' का भी अंग है।[28] यह विचार दार्शनिक विमल के मतीलाल का है जिनका मानना है कि 'नव-

हिंदूवाद अपने आप में अर्थहीन शब्द है'। वे बंकिम पर नव-हिंदूवाद के प्रभाव को अस्वीकार करते हैं।

बंकिम को–खासकर 'वंदे मातरम्' के रचयिता बंकिम को आमफहम कोटि अथवा विचार-संप्रदाय के अंतर्गत रखना कठिन है। उनके लेखन में ऑगस्ट कॉम्ते के विधेयवादी दर्शन के बहुतायत हवाले मिलते हैं लेकिन वे भारत के विधेयवादी संगठन में सक्रिय नहीं थे (मैंने बॉडलियन लाइब्रेरी, ऑक्सफोर्ड के दस्तावेजों के आधार पर इस समूह की सदस्यता और गतिविधियों का लेखा-जोखा तैयार किया है)।[29] फिर, उनके दर्शनिक दृष्टिकोण को सीधे-सीधे विधेयवादी कहना भी उचित नहीं होगा क्योंकि बंकिम के लेखन से यह जान पड़ता है कि वे हिंदू धर्म और विधेयवाद के बीच विरोध देखते हैं। उनकी निष्ठा को हिंदू धर्म ने आकर्षित किया। उन्होंने एक अज्ञात रचना 'कंफेशन ऑफ यंग बंगाल' में लिखा–'हमारा देववाद (Deism), हमारा ईश्वरवाद (Theism), हमारा कॉम्तेवाद–ये सारे 'वाद' और क्या हैं? सिर्फ अपने आप को हिंदू धर्म के दायित्वों से मुक्त करने की जबर्दस्त इच्छा के विविध मूर्त रूप।'[30] साथ ही, उन्हें कट्टर हिंदू पुनरुत्थानवादी की श्रेणी में रखना भी मुश्किल है क्योंकि उन्होंने लिखा है कि 'हिंदू धर्म में सुधार की आवश्यकता है' और हिंदू धर्म में ऐसे रीति-रिवाज, आचार-व्यवहार आ घुसे हैं जो अवांछित 'प्रक्षिप्त' हैं और इन्हें निकाल फेंकना चाहिए। वे यह भी लिखते हैं कि 'यह कतई जरूरी नहीं कि हम स्व. दयानंद सरस्वती की तरह हिंदू धर्म की पुरातन और जड़ विशेषताओं की तरफ लौट चलें।'[31] यहाँ हम यह भी याद करें कि बंकिम ने बहुत-से हिंदू धर्मग्रंथों के प्रति समकालीन नृतत्वशास्त्रीय दृष्टि अपनायी और उनकी व्याख्या आदिम प्राकृतिक मिथक के रूप में की। उन्होंने कृष्ण-कथा से जुड़े पौराणिक साहित्य की व्याख्या में अंदरूनी और बाहरी समालोचना की तत्कालीन योरोपीय पद्धति अपनायी थी। अनुभववाद के प्रति उनका शुरुआती विश्वास था कि यह ज्ञान का एकमात्र स्रोत है। बंकिम के चिंतन की विविध धाराओं की निशानदेही यह बताकर की

जाती है कि आरंभिक काल के बंकिम परवर्ती काल के बंकिम से भिन्न हैं। कहा जाता है कि पूर्ववर्ती बंकिम 'रेडिकल' हैं जबकि परवर्ती बंकिम 'कंजरवेटिव'। 'वंदे मातरम्' कविता इन दो अवस्थाओं के बीच के संक्रांति काल में लिखी गई इसलिए परस्पर विरोधी व्याख्याओं की संभावना बनती है।

संक्रांति के इस दौर में एक बोध उनके मन में यह भी जागा कि बौद्धिक उपक्रम की जड़ जन-संस्कृति में होनी चाहिए; उसे जन-संस्कृति से कटना नहीं चाहिए। ऑगस्ट कॉम्टे का कथन है कि 'किसी व्यवस्था के बनने और स्वीकृत होने के लिए जरूरी है कि वह हमारे स्वभाव से मेल खाये और हमारी प्रगति के प्रतिकूल न हो।'[32] बंकिम ने इस पंक्ति को उद्धृत किया है और तर्क दिया है कि धर्म और इसका सुधार जनता की 'प्रकृति' और संस्कृति के अनुकूल होना चाहिए।[33] यह बात लगभग सुनिश्चित है कि इस अकीदे ने 'आनंदमठ' की विचारभूमि का निर्माण किया है। इसका प्रभाव सन् 1881-82 में रचित 'वंदे मातरम्' के परवर्ती रूप पर भी पड़ा जिसमें देशभक्ति के संदेश को धार्मिक प्रतीकों में बाँधकर प्रस्तुत किया गया है।

मूल रूप से सन् 1872-75 में रचित कविता का विस्तार उपन्यास में कई अंतरे वाले गीत के रूप में हुआ और इस प्रक्रिया में कविता का स्वभाव बदल गया। कविता, मातृभूमि के प्रति एक संबोधन-गीत के रूप में थी। इसमें मातृभूमि को 'सुखदां-वरदां' कहा गया था; उसे 'सुजलां-सुफलां' बताया गया था। मातृभूमि को 'फुल्ल-कुसुमित-द्रुमदल शोभिनीम्' और 'सुहासिनीं सुमधुर-भाषिणीम्' कहकर पुकारा गया था। यह मातृभूमि सबला है; उसकी रक्षा में 'सप्तकोटी' जन तत्पर हैं। सन् 1881-82 में रचे गये गीत में मातृभूमि का चित्रण 'दुर्गा दशप्रहरण-धारिणी' और 'रिपुदल-वारिणी' के रूप में हुआ है। मातृभूमि को 'कमला' अर्थात् धनलक्ष्मी और 'वाणी विद्यादायिनी' अर्थात् सरस्वती कहा गया है। इस गीत के बिम्ब हिंदू-परंपरा से लिए गए हैं। मूलतः, कविता के विस्तृत रूप का स्वर मूल कविता से अलग है। विस्तृत कविता में मधुरता और प्रकाश की मूर्ति भयानक रूप

धारण कर लेती है; युद्ध के अस्त्र-शस्त्र से सज्जित हो जाती है। 'आनंदमठ' के गीत में देश की ऐसी प्रस्तुति को उपन्यास की कथावस्तु के संदर्भ में समझना होगा।

अनेक आलोचकों ने 'आनंदमठ' में 'वंदे मातरम्' गीत की केंद्रीय स्थिति पर टिप्पणी की है। यह भी कहा गया है कि उपन्यास की आत्मा इस गीत में बसी है। इस आत्मा की पहचान देश-निष्ठा (हर प्रसाद शास्त्री), देश की मातृस्वरूपा धारणा (अरबिन्दो घोष) अथवा 'निष्काम कर्म को आधार बनाकर सर्वस्व त्याग करने की विचारधारा' (विपिनचंद्र पाल) के रूप में की गई है। उपन्यास के मूल स्वर के बारे में चाहे जितनी मत-भिन्नता हो, इस बात को लेकर सहमति है कि 'वंदे मातरम्' गीत की स्थिति उपन्यास में केंद्रीय है। ऐसा क्यों है? इस प्रश्न के उत्तर के लिए उपन्यास का पुनर्पाठ उपयोगी हो सकता है।

उपन्यास में 'वंदे मातरम्' गीत सबसे पहले कब गाया जाता है? उपन्यास के पहले दस अध्यायों में वर्णित मुख्य पात्र महेंद्र सिंह पहली बार इसे संन्यासी भावनानंद को गाता हुआ (खंड–1, अध्याय 10) सुनता है। इस अवस्था तक उपन्यास की कहानी केवल महेंद्र, उसकी पत्नी और उसके बाल-गोपाल से संबंधित है। महेंद्र और उसका परिवार सन् 1770 के अकाल तथा ईस्ट इंडिया कंपनी द्वारा लगाए गए बेहिसाब लगान के कारण गाँव छोड़ चुका है (कंपनी ने सन् 1765 ई. में लगान वसूली का काम अपने हाथ में लिया और अपनी अंतिम साँसों को गिन रहा नवाबी प्रशासन धीरे-धीरे सत्ता से बेदखल होता गया। बंकिम ने उपन्यास के तथ्य अपने जमाने के मान्य विद्वानों जी. आर. गेग तथा सर विलियम हंटर से लिए थे)। उपन्यास में भावनानंद का 'वंदे मातरम्' गाते हुए प्रवेश उपन्यास के कथानक को स्थापित करता है यानी नवाब और ईस्ट इंडिया कंपनी के खिलाफ संन्यासी-विद्रोह को। इस तरह कथा एक मोड़ लेती है, वह महेंद्र के घर-संसार की कथा न कहकर जनसामान्य में चल रहे आलोड़न की कथा का रूप ले लेती है।

दूसरे दफे, गीत संन्यासियों की दीक्षा के समय सुनायी (खंड–2, अध्याय–5) देता है। पुरुषवेशधारिणी शांति और महेंद्र को पूरे कर्मकांड के साथ वेद्रोही संन्यासियों के संप्रदाय में दीक्षित किया जा रहा है। शांति ने वेश बदल रखा है क्योंकि वह अपने पति जीवनानंद की तलाश में घरेलू जिंदगी की अंदरूनी दुनिया छोड़कर बाहर निकली है। जीवनानंद अपनी पत्नी और घर को छोड़कर संन्यासी-जीवन का मिशन पूरा करने निकला है। उपन्यास में यह गीत तीसरी दफे तब सुनायी पड़ता है जब शांति और जीवनानंद मिलते हैं। हालाँकि, जीवनानंद ने शपथ ली है कि अपना मिशन पूरा होने तक मैं अपनी पत्नी से नहीं मिलूँगा। यहाँ हम अवांतर प्रसंग के रूप में एक बात नोट कर सकते हैं। शांति, उपन्यास के इस अंश में एक बात कहती है। यह बात अपने आप में अनूठी है क्योंकि उस वक्त तक दाम्पत्य की साहित्यिक अभिव्यक्ति में ऐसी बात बंगाल में नहीं कही गई थी। शांति कहती है–'तुम मुझे प्यार करते हो, मैं तुम्हें प्यार करती हूँ; क्या इससे भी ज्यादा महत्त्वपूर्ण कोई बात हो सकती है?' वे इस तथ्य से दो-चार हैं कि संन्यासी की शपथ तोड़ने का एकमात्र प्रायश्चित है–मृत्यु। लेकिन, 'उन दोनों के स्वर 'वंदे मातरम्' के गायन में एकमेक हो गए।' (खंड–3, अध्याय–3)

इसके बाद उपन्यास अपनी अपरिहार्य परिणति अर्थात् संग्राम में जीवनानंद के खेत रहने की तरफ दौड़ पड़ता है। आखिर दो बार, जब 'वंदे मातरम्' गाया जाता है तब वह संन्यासियों का युद्ध-गीत है। संन्यासी ईस्ट इंडिया कंपनी के सिपाहियों के साथ अपनी लड़ाई के बीच इस गीत को गाते हैं (खंड–3, अध्याय 9, खंड–4, अध्याय–6)। एक ऐसे युद्ध में जहाँ पराजय तय थी, स्वेच्छापूर्वक मृत्यु का वरण करने वालों में जीवनानंद भी शामिल है। संन्यासी 'वंदे मातरम्' गाते हुए अपने प्राण न्यौछावर करते हैं।

इस प्रकार, यह गीत उपन्यास की कथा में उन स्थलों पर आता है जहाँ स्थिति संकटापन्न या संक्रांति की है : मातृभूमि की सेवा को समर्पित संन्यासियों के मिशन में दीक्षित होने के समय, मिशन को

पूरा करने के लिए उठायी गई शपथ के भंग होने के समय और शपथ–भंग के प्रायश्चित के समय। उपन्यास की तह में यही नैतिक भावना है और इसी भाव को गीत उपन्यास में महत्त्वपूर्ण स्थलों पर चिह्नित करता है। यदि हम उपन्यास की कथा-संरचना की व्याख्या इस तरह करें तो उपन्यास में गीत की केंद्रीय स्थिति का खुलासा हो जाता है। अलावे इसके, उपन्यास में यह गीत एक प्रबोधात्मक पृष्ठभूमि का निर्माण करता है।

आखिर में, इस सवाल पर विचार करें कि इस गीत की अतिशय लोकप्रियता किन वजहों से है? (यहाँ तक कि 22 दिसंबर, 2002 के *इंडियन एक्सप्रेस* की रिपोर्ट के अनुसार बी.बी.सी. वर्ल्ड सर्विस के 25000 श्रोताओं ने इस गीत को 'हिंदुस्तान' के दो मशहूर गीतों में एक माना)। भारतीय राष्ट्रीय अस्मिता के निर्माण में 'वंदे मातरम्' गीत और नारे की भूमिका को व्यापक रूप से स्वीकार किया गया है। इस गीत की हिंदू भावभूमि को लेकर हुई खींचतान ने भी इसे चर्चा में बनाए रखा। किंतु यह रचना जिन कारणों से अतिशय महत्त्वपूर्ण बनी उन कारणों की समुचित पड़ताल नहीं हुई है। लोकमानस में इस गीत की गहरी पैठ और इसके प्रति व्यापक आकर्षण के क्या कारण हैं?

एक जाना-पहचाना जवाब यह दिया जाता है कि 'वंदे मातरम्' गीत और नारे का ऐतिहासिक साहचर्य स्वतंत्रता-संग्राम से है। यही बात कांग्रेस कार्य-समिति ने सन् 1937 के अपने प्रस्ताव में कही थी। प्रस्ताव में कहा गया कि गीत आजादी के ध्येय के लिए कष्ट उठा रहे लोगों के साथ 'लंबे समय से जुड़ा है' और इसी कारण यह गीत 'राष्ट्रीय आंदोलन का एक जीवंत तथा अभिन्न अंग' बन गया है।[34] यह उत्तर पर्याप्त नहीं है क्योंकि यह सवाल तो बना ही रहता है कि राष्ट्रवादी भावबोध के ऊपर इस गीत की छाप पड़ी ही क्यों? इस छाप के पड़ने के बाद ही इस गीत का राष्ट्रीय आंदोलन से साहचर्य स्थापित हुआ और यह गीत राष्ट्रीय आंदोलन का 'जीवंत तथा

अभिन्न अंग' बना।

'वंदे मातरम्' गीत के संदेश को प्रस्तुत करने के पीछे बंकिम के मन में कौन-सी प्रेरणाएँ काम कर रही होंगी—यह अटकल का विषय है। यदि गीत के पाठ पर ध्यान दें तो इसकी कतिपय विशेषताओं से यह जाना जा सकता है कि एक बनते हुए राष्ट्र के मन में इस गीत के लिए जबर्दस्त आकर्षण क्यों था? कविता में मातृभूमि 'पूज्या' है और कविता इस पूजनीया माता की प्राण-प्रतिष्ठा ख्यालों की एक दुनिया में करती है। इस माता की छवि बंकिम के लेखन में पहली बार किसी भावावेग के क्षण में कौंधती है। यह छवि कमलाकांत स्वप्न में देखता है। कमलाकांत बंकिम का कल्पित प्रतिरूप है।[35] अनेकशः यह कहा गया है 'वंदे मातरम्' की रचना से कुछ ही समय पहले कमलाकांत वाली श्रृंखला में 'माई दुर्गापूजा' (मेरी दुर्गापूजा) शीर्षक से बंकिम ने एक रचना की थी। शरद्-नवरात्र की परंपरागत पूजा के दिनों में कमलाकांत भावदशा के क्षण में एक छवि देखता है। यह देवीस्वरूपा मातृभूमि की छवि है :

> मैंने शरद् की स्वर्णमयी देवी को देखा...सस्मित, जल पर प्लवित और देव-प्रभा से परिपूर्ण! क्या वह मेरी माता थी? हाँ, हाँ, बिल्कुल। मैंने अपनी माता का चेहरा पहचान लिया; मेरी अपनी मातृभूमि, धरती माता, सुंदर वस्त्राभूषणों से सज्जित; जो अभी समय के गर्भ में छुपी है...मैं इसे दुबारा, आज या कल भले न देख सकूँ लेकिन एक दिन वह फिर दिखेगी जब आज का वात्याचक्र थम गया होगा...आओ! मेरी माँ! नये अवतार में, नवतर आभा और शक्ति के साथ...आओ! हमारी दीन-हीन कुटिया में![36]

कविता के बिम्ब स्पष्ट ही उपर्युक्त दिव्यदर्शन से मेल खाते हैं। शुरुआती अंतरे में यह मेल सूक्ष्म स्तर पर है और अंतिम अंतरे में तो लगभग वही शब्द आए हैं जो कमलाकांत के हैं। यहाँ जोर एक देखी हुई छवि के पुनर्स्मरण पर है, माता की देखी हुई छवि का पुनर्स्मरण यहाँ महत्त्वपूर्ण है। स्मृति का आवाहन यहाँ संस्कृति के पुराने

आद्यरूपों में नये अर्थ भरने का साधन है। यह अर्थ पुरानी संस्कृति को नये ढंग से देख रहे नव-शिक्षितों के लिए भरा जा रहा है। अतीत की परिकल्पित किसी सत्ता को उस संस्कृति के बाशिन्दों के मन में जागरित करने का उपक्रम है यह और ऐसा किया जा रहा है स्मृति के हल्के-हल्के धक्के देकर।

सौ साल पहले इस कविता का प्रभाव क्या रहा होगा–इसकी विवेचना में हमें दो तथ्यों का ध्यान रखना होगा। पहली बात, हमें एक ऐसे समय के बारे में सोचना होगा जब मातृभूमि की धारणा उतनी घिसी-पिटी और तुच्छ नहीं थी जितनी प्रचारधर्मी शब्दों और छवियों में बार-बार के इस्तेमाल और प्रिंट, सिनेमा अथवा इलेक्ट्रॉनिक मीडिया में प्रयोग के बाद हो गई। दूसरे, इस कविता के व्यापक आकर्षण का कारण है–इसका आद्यरूप को जागरित करना। लेकिन, इसका मतलब यह नहीं कि इस आद्यरूप को पूजा की वस्तु बना देना भी औचित्यपूर्ण है; हालाँकि गीत में यह भी हुआ है। मूल सवाल यह है : इस कविता में ऐसा क्या है जो इसे 'आस्था जगाने' की क्षमता प्रदान करता है? मेरा सुझाव है कि इस रचना की ऐतिहासिक अवस्थिति उस संस्कृति में देखी जानी चाहिए जिसके आद्यरूप और अर्थछवियों का इस्तेमाल बंकिम ने किया और आद्यरूप या अर्थछवियों का यह इस्तेमाल उन्होंने संभवतया सजग-सचेत रूप में नहीं किया। इस कविता के मुहावरे उन्हें सहज प्राप्त थे क्योंकि वे भी एक संस्कृति के बाशिंदे थे, उसके अर्थबोध में साझीदार थे। यही इस कविता का बल है और आलोचकों की नजर में इसकी सीमा भी क्योंकि इस कविता पर विचार करते हुए ध्यान दिलाया गया कि इसमें अपवर्जन भी हैं, अपवर्जन उनका जो उस संस्कृति-विशेष के साझीदार नहीं हैं। लेकिन ध्यान रहे, बंकिम एक कविता लिख रहे थे, कोई राजनीतिक प्रस्ताव नहीं। राजनीतिक हितसाधन में कविता के इस्तेमाल ने इसे नारा बनाया, एक विवादपूर्ण राष्ट्रगान के रूप में बदला और इसी क्रम में यह विभेदकारी सांप्रदायिक मुद्दा बनी।

पूजनीया माता का आद्यरूप सिवाय एक अनगढ़ धारणा की

प्रस्तुति के और कुछ नहीं। संभवतया 'वंदे मातरम्' की रचना के क्षण में कवि की अंतःप्रेरणा इस आद्यरूप की तरफ मुड़ गई—रचनाकार ने अपनी तरफ से न तो सजग होकर तर्क-वितर्क किया और न ही उस आकर्षण को ध्यान में रखा जो माता के आद्यरूप के प्रयोग से जागने वाला था। दरअसल, अंतर्बोध से जागी छवि को सजग-सचेत रूप से गढ़ने की कठिनाई बंकिम के सामने तब आयीं जब उन्होंने कविता को 'आनंदमठ' में फिट किया; 'वंदे मातरम्' का 'औचित्य-निरूपण' उपन्यास का सबसे कमजोर हिस्सा है। यह उपदेशात्मक और घिसा-पिटा है।[37]

कुछ आद्यरूप प्रतिनिधित्वपरक औजार होते हैं। इनमें उन सब लोगों की साझेदारी होती है जिनका साझा इतिहास होता है—चाहे यह इतिहास वास्तविक हो या कल्पित। यह कतई जरूरी नहीं कि ऐसे आद्यरूप को सोचने-समझने की सलाहियत के लिए हम चेतना के किसी अधि-वैयक्तिक (Supra-personal) स्तर की कल्पना करें, जैसा कि सी. सी. जुंग ने किया है। ये आद्यरूप ऐतिहासिक-सांस्कृतिक परिघटनाएँ हैं—इन्हें सर्वसामान्य पर्यवेक्षण से भी जाना जा सकता है। बौद्धिक उपक्रमों के अन्य रूपों की अपेक्षा रचनात्मक लेखन में इनका प्रयोग कहीं अधिक होता है।[38] बंकिम का योगदान यह है कि उन्होंने एक आद्यरूप को पकड़ा, उसे काल को अतिक्रमित करते हुए 'राष्ट्रवादी स्वरूप' दिया, बावजूद इसके कि यह आद्यरूप 'राष्ट्रवाद' से कई सदी पहले का है।

रवीन्द्रनाथ टैगोर का विश्वास था कि :

> जिस तरह हम अपनी आँखों से नजर आ रहे इस संसार के वासी हैं उसी तरह हम अपने चारों तरफ व्याप्त एक अदृश्य संसार के वासी हैं। अनेक मनीषी रचनाकार सदियों से इस अगोचर संसार की रचना करते आ रहे हैं। अगर मैं भारत की जगह अफ्रीका में पैदा हुआ होता तो दूसरे ही ढंग का व्यक्ति होता। ठीक इसी तरह, यदि मैं वाल्मीकि, व्यास आदि द्वारा रचे संसार का हिस्सा न होकर किन्हीं दूसरे कवियों द्वारा

रचित (अगोचर) संसार का हिस्सा होता तो मैं एक दूसरे ही ढंग का आदमी बनता। हम अनेक अदृश्य तत्त्वों के सहवासी हैं और हर समय हमें इनकी मौजूदगी का भान भी नहीं होता, लेकिन इनके 'कथोपकथन' हमारे नजरिए को आकार देते हैं...।[39]

'वंदे मातरम्' का 'पाठ' मूलतः बंकिम और उनके श्रोताओं की विश्वदृष्टि का हिस्सा रहे 'कथोपकथन' की स्मृति का शृंखलाबद्ध अवगाहन है। स्मृति के धुँधलके में किसी जगह ढँकी-छुपी छवि को फिर से स्मृतिपटल पर लायें और उसमें नये अर्थ भरें तो इस छवि के साथ पहचान बनाने में एक झटका लगता है। 19वीं सदी के पूर्वाद्ध के डेरोजियोवादी तथा अन्य परंपरा-भंजकों के विपरीत बंकिम का प्रयास किसी ऐसी चीज को फिर से प्राप्त करने का था जिससे इन लोगों ने अपने को काट लिया था। इसी कारण 'वंदे मातरम्' रचना अपने को अतीत से जोड़ती है। लेकिन यह रचना केवल अतीत की किसी चीज को फिर से खोज निकालने का प्रयास भर नहीं है। यह रचना 'नये' को प्रकट करती है; इसमें पूजा की एक पुरानी वस्तु को मातृभूमि के जो अर्थ प्रदान किए गए हैं वे निश्चित ही नये हैं। धर्मग्रंथों में वर्णित मिथकीय उत्पत्ति—दुर्गा के जन्म की कथा, विभिन्न देवों का दुर्गा को विभिन्न अस्त्र-शस्त्र प्रदान करना, धर्मग्रंथ में वर्णित कथा के ब्यौरे-विशेष को बंकिम ने याद नहीं किया। केवल कविता का बिम्ब-विधान हमें एक पुराने प्रतीक का स्मरण कराता है और यह प्रतीक बंकिम की कविता में मातृभूमि का संकेतक है। (हाँ, यह भी सच है कि कविता अपनी तरफ से यह निषेध नहीं करती कि कोई भक्तमना हिंदू इसमें पुराने अर्थ को पढ़ ले।)

ए. के. रामानुजन अपने एक अधूरे लेख के मसौदे में[40] 'कला-रचना की उस शक्ति के बारे में' बात करते हैं जो अर्थभावन की प्रक्रिया में 'अचेतन में पड़ी ताकतवर स्मृतियों को जगाती है; ऐसी स्मृतियों को जो रोजमर्रा की जिंदगी में विस्मृति के गर्त में पड़ी रहती हैं।' रामानुजन यह बात बिल्कुल अलग संदर्भ में लिख रहे थे किंतु

उनके विचार–बिंदु का विस्तार 'वंदे मातरम्' के बिम्बों की शक्ति के स्रोत की तरफ इशारा करने में किया जा सकता है। पश्चिम से जो 'राष्ट्रवाद' लिया गया उसमें अपर्याप्तता थी। पश्चिम की सभ्यता में इतिहास-क्रम में बहुत-से प्रतीक बने और पश्चिमी मानस इन प्रतीकों से अनुगूँजित था। इन प्रतीकों का उपयोग बाद के दिनों में, योरोप में राष्ट्र-निर्माण की प्रक्रिया में हुआ। भारतीय मानस में ये प्रतीक कोई अनुगूँज नहीं पैदा कर सके। भारत को अपने प्रतीक गढ़ने थे; उन्हें विस्मृति के अँधेरे से उठाकर स्मृति के उजाले में लाना था और इनका उपयोग नये उद्देश्य से करना था। यह समझना एक भूल है कि अपने उद्यम में बंकिम और उनके साथियों ने इसे एक रणनीति के तौर पर अपनाया और खूब सोच-समझकर अपनाया। शायद, यह अतीत के स्मरण के जरिए एक कल्पित भविष्य में अंतर्बोधयुक्त छलाँग थी। 'वंदे मातरम्' गीत में प्रयुक्त आद्यरूप स्मृतिकोष से उठाया गया था और यह आद्यरूप निर्माण की प्रक्रिया से गुजर रहे एक राष्ट्र की कल्पना-शक्ति को जगाने के लिए पर्याप्त था।

वंदे मातरम्

सुजलां सुफलां मलयज-शीतलां
शस्य-श्यामलां मातरम्।

शुभ्र-ज्योत्स्ना-पुलकित-यामिनीम्
फुल्ल-कुसुमित–द्रुमदल-शोभिनीम्
सुहासिनीं सुमधुर-भाषिणीम्
सुहासिनीं सुमधुर-भाषिणीम्
सुखदां वरदां मातरम्।।

सप्तकोटी-कण्ठ-कलकल-निनाद-कराले
द्विसत्कोटी भुजै धृत-खरकरवाले
के बले मा तुमि अबले!*

बहुबल-धारिणीं नमामि तारिणीं
रिपुदल-वारिणीं मातरम्।।

तुमि विद्या तुमि धर्म्म
तुमि हृदि तुमि मर्म्म
त्वं हि प्राणाः शरीरे

---

*आनन्द मठ के पाँचवें संस्करण में संशोधित गीत : अबला केन मा एत बले! अरविन्दो ने *बंगदर्शन* के पाठ का अनुसरण किया है।

बाहुते तुमि मा शक्ति
हृदये तुमि मा भक्ति
तोमारइ प्रतिमा गड़ि
मन्दिरे मन्दिरे।

त्वं हि दुर्गा दशप्रहरण-धारिणी
कमला कमल-दल-विहारिणी
वाणी विद्यादायिनी
नमामि त्वां

नमामि कमलां अमलां अतुलां
सुजलां सुफलां मातरम्,
वन्दे मातरम्।

श्यामलां सरलां सुस्मितां भूषितां
धरणीं भरणीं मातरम्।।

टिप्पणियाँ और संदर्भ

अध्याय एक : सांप्रदायिक रणभेरी

1. 27 अप्रैल 1915 को वाई.एम.सी.ए. मद्रास में महात्मा गांधी का भाषण--सी. एम. डब्ल्यू. जी., भाग-12, पृ. 64, 15 अगस्त 1998 को प्रो. पार्थसारथी गुप्ता ने आकाशवाणी पर एक बहुत ही सूचनापूर्ण प्रसारण में बताया कि इस गीत का का सबसे पहला संदर्भ इंडियन ओपिनियन, 1905 में प्रकाशित उनके लेखों में मिलता है।
2. 23 अगस्त 1947 को प्रार्थना सभा में महात्मा गांधी का भाषण--सी. डब्ल्यू. एम. जी., भाग-69, पृ. 80
3. कार्विंग ब्लॉक्स : **कम्यूनल आइडियोलॉजी इन अर्ली ट्वेंटियेथ सेंचुरी बंगाल**, पी. के. दत्ता (नई दिल्ली : ऑक्सफोर्ड यूनिवर्सिटी प्रेस, 1999), पृ. 256
4. गांधी, सी. डब्ल्यू. एम. जी., भाग-69, पृ. 80
5. **इंडियन एक्सप्रेस** (नई दिल्ली), 6 दिसंबर, 1998
6. **हिन्दुस्तान टाइम्स** (नई दिल्ली), 7 दिसंबर, 1998
7. **द टेलीग्राफ** (कलकत्ता), 15 दिसंबर, 1998
8. मुजफ्फर हसन, 'नेशनलिस्ट मुस्लिम, एनडेंजर्ड स्पीसीज', **ऑर्गनाइज़र**, फरवरी 1999, तथा 'कॉलीजन कोर्स डेस्टिंड टु सुसाइड', ऑर्गनाइज़र, 3 जनवरी, 1999
9. ए. जी. नूरानी, 'हाउ सेकुलर इज़ वंदे मातरम्', फ्रंटलाइन, 15 जनवरी 1999, पृ. 94-97; ज्ञान पांडे, 'कैन ए मुस्लिम बी एन इंडियन? कंपेरेटिव स्टडीज़ इन सोसाइटी एंड हिस्ट्री', (लंदन :

कैम्ब्रिज यूनिवर्सिटी प्रेस, 1999), पृ. 619; बी. आर मधोक, 'इंडियन नेशनलिज़्म वर्सेस मुस्लिम नेशनलिज़्म', **ऑर्गनाइज़र**, 27 सितम्बर 1954; एम. एस. गोलवलकर, 'बंच ऑव थॉट्स', (बंगलौर : विक्रम प्रकाशन, 1966), पृ. 78–80

10. पार्थ चटर्जी, 'द हेरिटेज वी डेयर नॉट रिनाउंस', **फ्रंटियर**, भाग–15, सं.–19, 14 मई 1983; 'द प्रेजेंट हिस्ट्री ऑफ वेस्ट बंगाल' में पुनर्मुद्रित (नई दिल्ली, ऑक्सफर्ड यूनिवर्सिटी प्रेस, 1977) अध्याय–1
11. 28 दिसम्बर 1938 से हिंदू महासभा कांफ्रेंस, नागपुर में वी.डी. सावरकर का भाषण, इंडियन एनुअल रजिस्टर, 1938, भाग–2, पृ. 317-342
12. **लीव्स फ्रॉम ए डायरी**, श्यामा प्रसाद मुखर्जी की आधी अंग्रेजी आधी बंगाली में प्रकाशित डायरी (कलकत्ता : ऑक्सफोर्ड यूनिवर्सिटी प्रेस, 1993) पृ. 27 और 30
13. वही, पृ. 29
14. वही, पृ. 42
15. होम (पोल) सी. पी. और बेरार पर पाक्षिक रिपोर्ट, फा.18-1/39 पी.पी. डॉक्युमेंट्स, पृ. 605-606
16. 26 दिसंबर 1938 को एम. ए. जिन्ना का ऑल इंडिया मुस्लिम लीग के वार्षिक अधिवेशन में अध्यक्षीय भाषण, पी.पी. डॉक्युमेंट्स, पृ. 54
17. 15 अक्टूबर 1937 को एम. ए. जिन्ना का लखनऊ में भाषण, 16-17 अक्टूबर, 1937 को **स्टार ऑव इंडिया** (कलकत्ता दैनिक), पी.पी. डॉक्युमेंट्स, पृ. 252
18. 21 जून 1937 को मोहम्मद इकबाल का एम. ए. जिन्ना को पत्र, शमसुल हसन संग्रह, पी.पी. डॉक्युमेंट्स, पृ. 196
19. 30 मार्च 1937 को एच.डी. क्रैक का लॉर्ड बेडेन–पावेल को पत्र– बेडेन पेपर्स, पी. पी. डॉक्युमेंट्स, पृ. 141-141; जिस समस्या पर क्रेक, आई.सी.एस. ने पत्र लिखा वह भरतीय बाल स्काउटों के

लिए अन्य गीतों के साथ 'वंदे मातरम्' को उनके लिए तैयार की गई पुस्तक में संग्रहीत करने के लिए था।

20. 4 फरवरी 1938 को मद्रास के गवर्नर इर्सकिन का वायसराय लिनलिथगो को पत्र और लिनलिथगो के उत्तर वासुदेव चटर्जी (संपा.) 'टुवर्ड्स फ्रीडम–1938' से लिये गये हैं (आई.सी.एच. आर., नई दिल्ली : ऑक्सफर्ड यूनिवर्सिटी प्रेस, 1999), पृ. 1816-1817. पत्र व्यवहार का सार यह था कि इर्सकिन 'वंदे मातरम' के खिलाफ भारत सरकार के 1935 के संविधान की धारा 84 में निहित गवर्नर की शक्तियों का इस्तेमाल करने के लिए उत्सुक थे; लिनलिथगो ने गर्वनर की विशेष शक्तियों के इस्तेमाल न करने का परामर्श दिया।

21. 6 जनवरी 1939 को बिहार के गवर्नर सर मॉरिस हैलेट का वायसराय लिनलिथगो को पत्र, लिनलिथगो पेपर्स संख्या–1, पी. पी. डॉक्युमेंट्स, पृ. 586-589

22. 1 फरवरी 1938 को जिन्ना-नेहरू की बैठक का एजेंडा; जिन्ना ने इस नोट में बातचीत के लिए कुछ विचार–बिंदु लिखे थे; कायदे आजम पेपर्स, फाइल 40/1-2, पी.पी. डॉक्युमेंट्स, पृ. 326-327

23. 17 मार्च 1938 को एम. ए. जिन्ना का नेहरू को पत्र, पी.पी. डॉक्युमेंट्स, पृ. 358-362

24. 16 अप्रैल 1938 को मुस्लिम लीग के विशेष अधिवेशन में एम.ए. जिन्ना का अध्यक्षीय भाषण, पी.पी. डॉक्युमेंट्स, पृ. 387; भारत सरकार के 1935 के अधिनियम के तहत नवनिर्मित सरकार के तीन प्रादेशिक 'मुख्यमंत्री' : पंजाब के सिकंदर एच. खान, बंगाल के ए. के. फजलुल हक और आसाम के मोहम्मद सादुल्ला।

25. वही, पृ. 389

26. 7 अक्टूबर 1938 को कराची में सिंध प्रादेशिक मुस्लिम लीग कांफ्रेंस में स्वीकृत प्रस्ताव, पी.पी. डॉक्युमेंट्स, पृ. 480

27. 8 अक्टूबर 1938 को सिंध प्रादेशिक मुस्लिम लीग कांफ्रेंस में एम.

ए. जिन्ना का अध्यक्षीय भाषण, वही, पृ. 482

28. 22 मार्च 1938 को चीफ सेक्रेटरी, उड़ीसा सरकार को उड़ीसा सरकार के इंस्पेक्टर जनरल ऑव पुलिस की दी गई रिपोर्ट, पी. पी. डॉक्युमेंट्स, पृ. 363
29. 6 जनवरी 1939 को सर मॉरिस हैलेट का वायसराय लिनलिथगो को पत्र, लिनलिथगो पेपर्स, संख्या 1-1-6, पी.पी. डॉक्युमेंट्स, पृ. 587
30. 10 अगस्त 1937 को ए. वाई. दौलताना का प्रेस वक्तव्य, कायदे आज़म पेपर्स में उद्धृत वक्तव्य, पी.पी. डॉक्युमेंट्स, पृ. 227-228
31. उपरिलिखित संख्या 20 की टिप्पणी देखें, इर्सकिन और लिनलिथगो के बीच पत्र-व्यवहार।
32. वही।
33. वही।
34. 15 मार्च 1938 का सेक्रेटरी ऑव स्टेट जेटलैंड को वायसराय लिनलिथगो का पत्र, जेटलैंड पेपर्स, रोल नं.–5, पी.पी. डॉक्युमेंट्स, पृ. 358
35. रेजौल करीम, **बंकिमचंद्र ओ मुस्लिम समाज** (कलकत्ता : विश्वविद्यालय, 1937), पृ. 84
36. रेज़ौल क लेख 'इन द आइज़ ऑव ए नॉन हिंदू' अनुवाद विलियम रेडीस, बी. चटर्जी (संपा.), बंकिमचंद्र चटर्जी : एसेज़ इन पर्सपेक्टिव, (नई दिल्ली : साहित्य अकादमी, 1994), पृ. 180-187
37. जवाहर लाल नेहरू का, सेक्रेटरी बिहार मुस्लिम स्टूडेंट्स फेडरेशन को 25 फरवरी, 1939 को पत्र, पी.पी. डॉक्युमेंट्स, पृ. 620
38. 8 अक्टूबर 1937 को खान बहादुर मोहम्मद इस्माइल, एम. एल. सी. बिहार का राजेन्द्र प्रसाद को पत्र, वाल्मीकि चौधरी (संपा.) **डॉ. राजेन्द्र प्रसाद : कॉरेस्पोंडेंस एंड सिलेक्टेड डॉक्युमेंट्स**, भाग–1 (नई दिल्ली : एलाइड पब्लिशर्स, 1984), पृ. 106–107;

इस्माइल ने लीग के दैनिक पत्र, स्टार ऑव इंडिया, 2 अक्टूबर 1937 को उद्धृत किया है जिसमें शीर्षक है : **'मि. प्रसाद डिफेंड्स वंदे मातरम् : न्यू फ्यूल टू मुस्लिम फायर ऑव इंडिगनेशन'**।

39. 5 मार्च 1938 को के.एम. अशरफ का महावीर त्यागी को पत्र, ए. आई.सी.सी पेपर्स, फाइल–11 / 1938 पी.पी. डॉक्युमेंट्स, पृ. 352; पृ. 352; के. एम. अशरफ विशिष्ट इतिहासकार जो 1936 से कांग्रेस के मास कॉन्टैक्ट में सेल के प्रभारी थे। अशरफ ने अपने संस्मरणों में शिकायत की है। (1960 में लिखित) कि मुस्लिम मास कॉन्टैक्ट प्रोग्राम को कांग्रेस के अंदर ही ध्वस्त कर दिया गया था 'जब नेहरू विदेश गये तो एक दिन बिना घोषणा या बिना बताए मुस्लिम मास कान्टैक्ट सेल बंद कर दिया गया। मैंने इस सेल के कार्य की एक विस्तृत रिपोर्ट तथा कांग्रेस की इस दृष्टि पर मुसलमानों की प्रतिक्रिया संबंधी रिपोर्ट भी तैयार की थी। हालाँकि सरदार पटेल के विश्वसनीय तथा मेरे वरिष्ठ तब के कांग्रेस महासचिव आचार्य कृपलानी जी ने इसे सार्वजनिक करने योग्य नहीं माना। के. एम. अशरफ–**ऐन ओवरव्यू ऑव मुस्लिम पॉलिटिक्स इन इंडिया**, अनुवाद–जे. अशरफ (नई दिल्ली : मानक पब्लिशर्स, 2001) पृ. 115. अशरफ की रिपोर्ट इस पुस्तक के परिशिष्ट में संकलित है।
40. 19 अक्टूबर 1937 के पायनियर में रफी अहमद किदवई का प्रेस वक्तव्य, पी.पी. डॉक्युमेंट्स, पृ. 261-262
41. एम. के. सैयद अहमद, कांग्रेस कमेटी के सहायक सचिव, तिन्नवेली, मद्रास, 27 जून 1939, पी.पी. डॉक्युमेंट्स, पृ. 699
42. 27 अक्टूबर 1938 को एम. ए. जिन्ना का पटना में भाषण, **स्टार ऑव इंडिया,** 1 नवंबर 1937
43. 7 अक्टूबर 1938 को सिंध प्रॉविंशियल मुस्लिम लीग कांफ्रेस, कराची में प्रस्ताव स्वीकृत हुआ जिसमें कांग्रेस मुस्लिम मास कॉन्टैक्ट प्रोग्राम को मुस्लिम समुदाय को विभाजित एवं विघटित

करने वाला प्रचार कार्यक्रम बताया गया, पी.पी. डॉक्युमेंट्स, पृ. 479; कुछ महीने पहले अधिक स्पष्टवादी फजलुल हक ने कहा : '...हमारे ही कुछ आदमियों ने...कांग्रेस के कपटी वायदों से आकर्षित होकर मुसलमानों के काम को धोखा दिया।' 17 अप्रैल 1939 को ऑल इंडिया मुस्लिम लीग कलकत्ता में विशेष अधिवेशन में हक का भाषण, पी.पी. डॉक्युमेंट्स, पृ. 383

अध्याय दो : राष्ट्रगान?

1. विस्तृत कहानी की जानकारी के लिए '**द पोयम**' नामक अध्याय देखें। इसमें बताया गया है कि किस प्रकार 1896 के कांग्रेस अधिवेशन में टैगोर ने वंदे मातरम् के दो छंदों को संगीत दिया और उसे वहाँ गाया; इससे पहले इसकी टैगोर द्वारा तैयार सुरलिपि एक पत्रिका में प्रकाशित हो चुकी थी।
2. विष्णुपद भट्टाचार्य 'बंकिमचंद्राज़ इन्फ्लुएंस ऑन इंडियन लिटरेचर', भवतोष चटर्जी (संपा.)–'बंकिमचंद्र चटर्जी : एसेज इन पर्सपेक्टिव' में (नई दिल्ली : साहित्य, अकादमी), पृ. 354-381
3. 'हरिजन' में 1 जुलाई 1939 की एम. के. गांधी; गांधी जी ने इसके विषय में एक लेख में इसे ऐन्टी इम्पीरियलिस्ट क्राई' भी कहा। गांधी जी के लेखन में साम्राज्य विरोधी अवधारणा का स्पष्ट प्रयोग प्रायः दुलर्भ है, डी. तेंदुलकर–**महात्मा** (दिल्ली पब्लिकेशंस डिवीज़न, गवर्नमेंट ऑव इंडिया, 1961-1963), भाग–5, पृ. 140
4. द हिन्दू, 14 फरवरी 1907
5. बंकिम की जीवनी में अक्षयचंद्र सरकार के संस्मरणों को स्रोत सामग्री के रूप में उद्धृत किया गया है। अमित्र सूदन भट्टाचार्य–**बंकिमचंद्र जीवनी** (कलकत्ता : आनंद पब्लिशर्स, 1991), पृ. 533. एक अन्य साक्ष्य ललितचंद्र मित्र के अनुसार विष्णुपुर घराने के प्रसिद्ध शास्त्रीय संगीत गायक जादू भट्ट ने वंदे मातरत् गीत को पहले–पहल राग मल्हार कव्वाली के रूप

में संगीतबद्ध किया था (देखें जगदीश भट्टाचार्य–वंदे मातरम् (कलकत्ता : कवि और कविता प्रकाशन, 1978), पृ. 135-136 दुर्बोध बंगाली स्रोतों की अमूल्य निर्देशिका। दोनों वर्णनों में समानता यह है कि गीत पहले पहल राग मल्हार में बाँधा गया था, टैगोर ने इसे 'देश' रूपाकार में बाँधा।

6. अमित्र सूदन भट्टाचार्य, पूर्वोद्धृत, पृ. 568
7. वही, पृ. 700, 713; प्रायः यह माना जाता है कि रवीन्द्रनाथ टैगोर ही इसे संगीतलिपि में बाँधने वाले व्यक्ति थे जो *बालक* पत्रिका में मई 1885 में प्रकाशित हुआ।
8. रवीन्द्रनाथ टैगोर, 26 अक्टूबर 1937 का जवाहरलाल नेहरू को पत्र, 2 नवम्बर 1937 को अमृत बाजार पत्रिका में प्रकाशित; यह पत्र प्रभातकुमार मुखोपाध्याय की 'रवी जीवनी' में पुनर्प्रस्तुत (शांतिनिकेतनः विश्वभारती, 1994) भाग–4, पृ. 110-111. टैगोर ने वंदे मातरम् के पहले छंद का ही संगीत बनाया था।
9. वंदे मातरम् की टैगोर द्वारा बनाई प्रकाशित धुन–**देश एकताल के नाम** से जानी गई। देखें–जगदीश भट्टाचार्य, पूर्वोद्धृत, पृ. 80
10. सुमित सरकार, **द स्वदेशी मूवमेंट इन बंगाल, 1903-1908** (दिल्ली : पीपुल्स पब्लिशिंग हाऊस 1994), पृ. 366-367; भारतीय राष्ट्रवाद के इतिहास में पूर्वोद्धृत। इस रचना में उस दौर की बंगाली राजनीति के सांस्कृतिक तत्वों पर विशेष बल है।
11. संस्मरणों की पुस्तक, अवीन्द्रनाथ टैगोर और रानी चंद्रा, **घरोआ** (कलकत्ता : सिगनेट, 1941), पृ. 11-16
12. गीत–1 में है–एको सूत्रे बंध्याचि सहस्रतिमान। 1905 में टैगोर द्वारा पहले लिखे गए 'वंदे मातरम्' गीत में टेक जोड़ी गई। देखें : **गीत वितान** (शांति निकेतन : विश्वभारती, 1973), पृ. 993-995
13. संतोष कुमार डे–कविकन्था ओ कालेरगान (शांतिनिकेतन : विश्वभारती 1993), पृ. 23-25. मैं ग्रामोफोन रिकॉर्ड कंपनी के

कैटेलॉग के अंशों तथा डे के शोध का ऋणी हूँ।

14. वही, पृ. 73
15. वही, पृ. 24-25, 128-130
16. जगदीश भट्टाचार्य, पूर्वोद्धृत, पृ. 78
17. एम. के. गांधी 2 दिसम्बर 1955 को **इंडियन ओपिनियन**। गांधी ने इस गीत को देवनागरी और गुजराती लिपि में अपने इस पत्र में पुनर्प्रस्तुत किया।
18. 22 नवम्बर 1906 को चीफ सेक्रेटरी, पूर्वी बंगाल और असम सरकार (इसके बाद जी.आई.ई.बी.) का पत्र होम सेक्रेटरी, भारत सरकार (इस के बाद जी.ओ.आई.) में पाक्षिक रिपोर्ट, फा. 15/1907, टी.बी. डॉक्युमेंट्स–4, पृ. 1130
19. वही.
20. चीफ सेक्रेटरी, पूर्वी बंगाल और असम सरकार का होम सेक्रेटरी भारत सरकार को पत्र, 12 जनवरी 1907, टी.बी. डॉक्युमेंटस–4, पृ. 1134
21. मैमन सिंह के दंगों पर अरुण मुखर्जी, **क्राइम एंड पब्लिक डिसॉर्डर इन कोलोनियल बंगाल 1861-1912** (कलकत्ता : के.पी. बागची, 1955) पृ. 118; सुमित सरकार, पूर्वोद्धृत, पृ. 446-448; चीफ सेक्रेटरी की गोपनीय रिपोर्ट में 'रेड पैम्फलेट' अंग्रेजी अनुवाद में उपलब्ध है। फाइल–1/1907, सं. 3, टी.बी. डॉक्युमेंट्स, पृ. 1223-1226
22. चीफ सेक्रेटरी, पूर्वी बंगाल और असम सरकार का होम सेक्रेटरी, भारत सरकार को 31 मई 1907 को पाक्षिक रिपोर्ट। फाइल 15/1907 सं.19, टी.बी. डॉक्युमेंट्स–4, पृ. 1161
23. सुमित सरकार, पूर्वोद्धृत, पृ. 441; सरकार ने बताया कि कभी–कभी वंदे मातरम् की तान **अल्लाह-ओ-अकबर** के साथ मिल जाती थी, प्रायः राष्ट्रवादी विचारों के मुसलमानों ने बिना बड़े समर्थन के व्यक्तिगत रूप से इस कार्य को किया, पृ. 324–430

24. एच.एल. साल्केल्ड, आई.सी.एस. की अनुशीलन समिति, दकन, भाग–एक की रिपोर्ट, एक्जिबिट सं. 1114, समिति की रिपोर्ट के बंगाली अंश, टी.बी. डॉक्युमेंट्स–2, पृ. 17-18. यह मूल्यवान रिपोर्ट 1995 में पहली बार उपलब्ध, ए.के. सामन्त (सं.) **टेररिज़्म इन बंगाल** में प्रकाशित, भाग–4, पृ. 1-264. सामन्त विभाग की खुफिया शाखा के निदेशक थे जहाँ विप्लवी राष्ट्रवादी आंदोलन संबंधी यह तथा अन्य दस्तावेज गोपनीय सामग्री के रूप में छिपाकर रखे गये थे तथा शोधार्थियों को भी अनुपलब्ध थे।
25. 19 जुलाई 1907 के **संध्या**–विप्लवी या क्रांतिकारी राष्ट्रवादियों का पत्र, टी.बी. डॉक्युमेंट्स भाग–2, पृ. 622
26. युगांतर, 23 नवम्बर 1907, विप्लवियों की पत्रिका, टी.बी. डॉक्युमेंट्स भाग–2, पृ. 622
27. मुजफ्फर अहमद, **आमार जीवन ओ भारतेर कम्युनिस्ट पार्टी** (कलकत्ता : नेशनल बुक एजेंसी, 1996), पृ. 281। अहमद कहते हैं कि विप्लवी आंदोलन 'हिंदू पुनरुत्थान का भी आंदोलन' था। हालाँकि उन्होंने इसके भारतीय स्वतंत्रता संग्राम में दिए गए योगदान को भी स्वीकार किया है।
28. अब्दुल वदूद बी.ए. 'हरम एंड कुफ्र'–**इस्लाम दर्शन**, भाग–1, संख्या–4, 1327 बी.एस. (पृ. 244) और बाद के कुछ अंश मुस्लिम पत्रिकाओं से मैंने अनूदित किए हैं। एम. नज़रुल इस्लाम के संग्रह–**सामाजिक पत्रे जीवन जनमत** (ढाका : बँगला अकादेमी, 1977), बी.एस. यानी बंगाली संवत्।
29. वंदे मातरम् पर संपादकीय, **शरीअत-ए-इस्लाम**, भाग–3, सं. 11, 1335, बी.एस.–एम.एन. इस्लाम, पूर्वोद्धृत, पृ. 245
30. ऐ.के. शमसुद्दीन **'लव फॉर बंगालीज़ इन ए लिटरेरी मास्टर'** अल इस्लाम, भाग–4, सं. 8, 1325 बी.एस., वही पृ. 353
31. मोहमूद अब्दुल हकीम, 'मोस्लेम्स इन बंगाली लिटरेचर'–**इस्लाम दर्शन**, भाग–1, सं.11, 1327, बी.एस., वही, पृ. 354
32. एम. सिराजुल हक मियाँ, 'द प्रॉब्लम ऑव यूनिटी', **रौशन**

हिदायत भाग–1, सं.1, 1332, बी.एस., वही, पृ. 264

33. जवाहरलाल नेहरू, हिन्दुस्तान टाइम्स में 28 अप्रैल 1937 को प्रेस वक्तव्य एस. गोपाल (सं.) **सिलेक्टेड वर्क्स ऑव जवाहरलाल नेहरू** भाग–3, पृ. 125
34. के. एम. अशरफ (इलाहाबाद) महावीर त्यागी को पत्र, 5 मार्च 1938, पी.पी. डॉक्युमेंट्स, पृ. 353
35. 20 अक्टूबर 1937 को जवाहर लाल नेहरू का सुभाषचंद्र बोस को पत्र, पी.पी. डॉक्युमेंट्स, पृ. 264. पाठ में यह संदर्भ है कि 28 सितम्बर 1937 को राजेन्द्र प्रसाद का वल्लभभाई पटेल को यह पत्र; वी. चौधरी (सं.) **डॉ. राजेन्द्र प्रसाद : कॉरेस्पोंडेंस एंड सिलेक्टेड डॉक्युमेंट्स** (दिल्ली : एलाइड पब्लिशर्स, 1984)–1, पृ. 100
36. 16 अक्टूबर 1937 रवीन्द्रनाथ टैगोर को सुभाषचंद्र बोस का पत्र। मूलपत्र रवीन्द्र भवन संग्रहालय, विश्वभारती, शांतिनिकेतन में सुरक्षित है। यह अनेक पुस्तकों में पुनर्प्रस्तुत हुआ है; जगदीश भट्टाचार्य, पूर्वोद्धृत, पृ. 90
37. जवाहरलाल नेहरू का सुभाष बोस को पत्र, 20 अक्टूबर 1937, पी.पी. डॉक्युमेंट्स, पृ. 264
38. वही, पृ. 264
39. रवीन्द्रनाथ टैगोर का 26 अक्टूबर 1937 को भारतीय राष्ट्रीय कांग्रेस के अध्यक्ष जवाहरलाल नेहरू को पत्र। इस पत्र के यह तथा आगे के उद्धरण उनकी आधिकारिक जीवनी से हैं। प्रभातकुमार मुखोपाध्याय, **रवीन्द्र जीवनी**, भाग–4 (शांतिनिकेतन : विश्वभारती, 1994), पृ. 110-111 और **अमृतबाजार पत्रिका**, 2 नवंबर 1937
40. वही
41. जवाहरलाल नेहरू की टिप्पणी, शीर्षक–**द वंदे मातरम् सांग**'– ए.आई.सी.सी. पेपर्स, एन.एम.एम.एल., नई दिल्ली, फाइल सं. 31–34 / 1937; आंतरिक साक्ष्य बताता है कि यह 30 अक्टूबर

1939 के आसपास लिखी गई थी।

42. वही; अंतिम आधिकारिक बयान जो ए.आई.सी.सी. से स्वीकृत हुआ–वह ए.एम. जैदी के कांग्रेस प्रस्ताव तथा अन्य दस्तावेजों में संग्रहीत हुआ।

43. जवाहरलाल नेहरू की टिप्पणी–तारीख नहीं–ए.आई.सी.सी. पेपर्स एन.एम.एम.एल., नई दिल्ली, फाइल सं. 30-34/1937

44. 1 सितम्बर 1937 को जवाहरलाल नेहरू का अली सरदार जाफरी को पत्र, ए.आई.सी.सी. पेपर्स एन.एम.एम.एल., फाइल सं. 65 (के. डब्ल्यू.) 2/1937, पी.पी. डॉक्युमेंट्स, पृ. 232

45. रवींद्रनाथ टैगोर, 28 सितंबर 1937 का बुद्धदेव बोस को पत्र, रवीन्द्र टैगोर, चिट्ठी-पत्र (शांतिनिकेतन : विश्वभारती, 1955), पृ. 135

46. जवाहरलाल नेहरू का **अमृतबाजार पत्रिका**, 30 अक्टूबर 1937 में प्रकाशित भाषण।

47. एम. ए. जिन्ना, 17 मार्च 1938 को जवाहरलाल नेहरू का पत्र, पी.पी. डॉक्युमेंट्स, पृ. 361

48. जे.बी. कृपलानी, 2 जनवरी 1939 को गांधी जी के मसौदे के साथ सी. राजगोपालाचारी को पत्र, पी.पी. डॉक्युमेंट्स, पृ. 581. गांधी जी ने इस मसौदे के ऊपर यह टिप्पणी लिखी : 'अत्यंत गोपनीय, प्रकाशन के लिए नहीं। मेरा यह सिर्फ मसौदा है जिसमें जोड़-घटाव होना है।'–हस्ताक्षर एम. के. गांधी।

49. वही, गांधी के मसौदे का अनुच्छेद–12

50. एम. के. गांधी, 1 जुलाई को **हरिजन** में

51. सी. राजगोपालाचारी का वल्लभभाई पटेल को, 7 जनवरी 1939, पी.पी. डॉक्युमेंट्स, पृ. 59

52. गोबिन्दवल्लभ पंत, जवाहरलाल नेहरू को पत्र, 6 जनवरी 1939, पी.पी. डॉक्युमेंट्स सं–2, पृ. 596

53. जवाहरलाल नेहरू, पंत को पत्र, 16 जनवरी 1939, पी.पी. डॉक्युमेंट्स, पृ. 607

54. सैयद महमूद का बिहार विधानसभा में वक्तव्य, 6 फरवरी 1939, पी.पी. डॉक्युमेंट्स, पृ. 621
55. आर.एन. बनर्जी, लैथवेत को रिपोर्ट, लिनलिथगो पेपर्स, पी.पी. डॉक्युमेंट्स, पृ. 927; सी.पी. और बेरार सरकार का प्रेसनोट, 9 फरवरी 1939. मुस्लिम लीग और सी.पी. सरकार के बीच प्राथमिक शिक्षा के लिए विद्या मंदिर योजना तथा सरकारी स्कूलों में 'वंदे मातरम्' प्रारंभ करने को लेकर झगड़ा था। इसे लीग ने 'सांप्रदायिक या धार्मिक गीत' माना। बी. चौधरी (सं.) **राजेन्द्र प्रसाद कॉरेस्पोंडेंस भाग–3**, 9 फरवरी 1939 का प्रेस नोट; वही, पृ. 339, बिहार सरकार का प्रेस नोट।
56. एम.आर. जयकर, 8 अक्टूबर 1945 को श्यामाप्रसाद मुखर्जी को पत्र, एस.पी. मुखर्जी पेपर्स, एन.एम.एम.एल., फाइल सं. 85
57. एम. ए. जिन्ना, प्रेस वक्तव्य, बॉम्बे क्रॉनिकल, 2 जुलाई 1937
58. कांस्टीटुएंट असेम्बली डिबेट्स, रिपोर्ट भाग–12, 24 जनवरी 1950, पृ. 7

अध्याय तीन : नारा

1. अरविन्द घोष, वंदे मातरम्–संपादकीय (पत्रिका), 16 जनवरी 1907, भवतोष चटर्जी (सं.) की पुस्तक में पुनर्प्रस्तुत, पूर्वोद्धृत, पृ. 6
2. वही, पृ. 2-6
3. 'वंदे मातरम्' पत्रिका के पहले संपादक अरविन्द घोष माने जाते हैं जबकि विपिनचंद्र पाल के बाद अरविन्द घोष आए। 'ऐन एकाउंट ऑव दि रिवोल्युशनरी ऑर्गनाइज़ेशन इन बंगाल' : गृह विभाग के आई.सी.एस. जे.सी. निक्सन के द्वारा तैयार रिपोर्ट (अदालती कार्यवाही तथा पुलिस रिपोर्ट पर आधारित) टी.बी. डॉक्युमेंट्स–2, पृ. 512
4. प्रायः अनुपलब्ध। इस दौर की अनेक विप्लवी पत्रिकाएँ गृह विभाग के संग्रहों में जिन्हें पुलिस या अदालती अनुवादकों ने

अंग्रेजी में अनूदित किया है। इसी प्रकार अनेक ऐसी प्रदर्शित वस्तुएँ हैं जैसे अलीपुर बम केस में लिप्त अरविन्द घोष संबंधी दस्तावेज। टी.बी. डॉक्युमेंट्स में सेडिशस लेखों के संग्रह, भाग–4, पृ. 523-645. अलीपुर बम केस की प्रदर्शित वस्तुएँ, वही, पृ. 649-749 मेरे सारे उद्धरण वहीं से हैं। अन्यथा स्रोत बताया गया है।

5. **संध्या**, 16 मई 1907
6. जे. सी. निक्सन की 'रिपोर्ट ऑन रिवोल्युशनरी ऑर्गनाइजेशन इन बंगाल', 1917, गृह विभाग, टी.बी. डॉक्युमेंट्स, पृ. 513
7. बी.सी. एलेन, 'रिपोर्ट ऑन सिमितीज़ इन द ढाका डिवीजन 1908', 21 अक्टूबर 1907, गृह विभाग, टी.बी. डॉक्युमेंट्स, पृ. 735. एलेन ने अनुशीलन समिति के अनेक दस्तावेजों को प्रस्तुत किया है। जिसका मैंने उद्धरण दिया–'वंदे मातरम् प्रॉमिस'। 23 दिसम्बर 1907 को अज्ञात हमलावरों ने एलेन को गोली मारी लेकिन वह बच गया।
8. वही, भाग–2, पृ. 745 'रिपोर्ट ऑन द अनुशीलन समिति।' कहा गया है कि 1908 की दुकानों की लूटपाट के बाद 'वंदे मातरम्' का घोष किया गया, पृ. 747.
9. मैमनसिंह जिला मजिस्ट्रेट की रिपोर्ट में मुफस्सल में रक्षाबंधन मनाने का अद्भुत चित्रण है। टी.बी. डॉक्युमेंट्स, भाग–2, पृ. 40–41.
10. अनुशीलन समिति का 'विशेष प्रतिज्ञा' नामक दस्तावेज–'रिपोर्ट ऑन अनुशीलन समिति, ढाका (1908)'–विशेषाधिकारी मजिस्ट्रेट एच.एल. साल्केल्ड, आई.सी.एस. द्वारा टी.बी. डॉक्युमेंट्स, भाग–2, पृ. 40-41
11. पूर्वी बंगाल में क्रांतिकारी संस्था–अनुशीलन समिति का विशेष संदर्भ एक वृत्तांत–25 अप्रैल 1917 को विशेष कर्त्तव्यस्थ पुलिस अधीक्षक जे.ई. आर्मस्ट्रांग द्वारा प्रस्तुत–टी.बी. डॉक्युमेंट्स भाग–2, पृ. 336 अनुशीलन समिति में विप्लवियों की मूर्तियाँ दृश्य बिम्बों

द्वारा प्रस्तुत की गई थीं। अनुशीलन समिति की दीवारें जिनकी तस्वीरों और रेखांकनों से सजाई गई थीं उनमें (मुजफ्फरपुर हत्याकांड में आतंकवादी गतिविधियों के अभियुक्त) खुदीराम बोस और प्रफुल्ल चाकी के फोटोग्राफ्स थे तथा अरविन्द घोष, बाल गंगाधर तिलक, विवेकानंद, शिवाजी तथा अन्य राष्ट्रीय नायकों के चित्र थे। दुर्गा की तस्वीर...और काली बहुत वीभत्स तस्वीरें थीं', वही, पृ. 343

12. जे.ई. आर्मस्ट्रांग की रिपोर्ट, वही, पृ. 335-336
13. 1 मार्च 1910 से 3 दिसम्बर 1919 तक बंगाल सरकार (गृह विभाग) द्वारा बंगाल में गैरकानूनी घोषित प्रकाशनों की सूची–क्रम संख्या–23, टी.बी. डॉक्युमेंट्स, भाग–2, पृ. 5.
14. वही, क्रम संख्या 5, 45, 48, 54, 55, 57
15. गैरकानूनी घोषित प्रकाशनों की सूची, क्रम संख्या 17-20, वही, पृ. 34
16. वही, क्रम संख्या 132, पृ. 22
17. वही, क्रम संख्या 70, पृ. 40
18. सी.पी.सी. 99ए के अंतर्गत गैर कानूनी घोषित प्रकाशनों की सूची, 1929, वही, पृ. 112-120
19. वही।
20. वही, क्रम संख्या 122, 123, 124 फोटोग्राफ आदि, टी.बी. डॉक्युमेंट्स, भाग–4, पृ. 46
21. युगान्तर, 21 अक्टूबर 1906 'बिना बिताने हिन्दी शिक्षार व्यवस्था', वही, भाग–4, पृ. 567
22. विष्णुपद भट्टाचार्य–'बंकिम चंद्राज़ इन्फ्लुएंस ऑन इंडियन लिटरेचर, बी. चटर्जी' (संपा.), 'बंकिम चंद्र चटर्जी : एसेज इन पर्सपेक्टिव' (नई दिल्ली, साहित्य अकादमी, 1994), पृ. 359-382
23. द हिन्दू, 14 फरवरी 1907
24. द हिन्दू, 11 मई 1907, 'श्रीयुत बी.सी. पाल इन कृष्णा'–एक संवाददाता द्वारा।

25. रेवरेंड आर. आल्फ्स का एफ. फॉकेट डी.एम. को 13 जून 1907 को पत्र, सी.आई.डी. रिपोर्ट, फा.–1, एम. वैंकटरंगैया (संपा.) 'द फ्रीडम स्ट्रगल इन आंध्र प्रदेश' में से अंश (हैदराबाद : आंध्र प्रदेश सरकार 1969) भाग–2, पृ. 178-217; मैं, जे.एन.यू. के अपने साथी डॉ. चिन्ना राव यगति को इस संदर्भ के लिए धन्यवाद देता हूँ।
26. एम. हंटर, प्रधानाचार्य, राजामुन्द्री आर्ट्स कॉलेज, सार्वजनिक निर्देशों के निदेशक, मद्रास को भेजी गई रिपोर्ट 3 मई 1907, वही, पृ. 182
27. वही, पृ. 189
28. टी.टी. लोगान, सार्वजनिक निर्देशों के निदेशक की सचिव, शिक्षा विभाग को रिपोर्ट, 6 मई 1907, वही, पृ. 181
29. गोदावरी के जिलाधीश की रिपोर्ट, 20 जून 1907, वही, पृ. 217
30. वही, पृ. 216
31. द हिन्दू 3 जून 1907, 'स्कूल ब्वॉय थ्रेश्ड : यूरोपियन क्लब अटैक्ड बाई ए मॉब'।
32. जे. ए. कमिंग्स, आई.सी.एस. (कोकोनाडा) का एच. ब्रैडले, आई. सी.एस. को पत्र, 19 जुलाई 1907
33. द मद्रास मेल, 11 जून 1907, 'ए पब्लिक मीटिंग', वही, पृ. 210
34. पूर्वी बंगाल सरकार के प्रमुख सचिव का गृह सचिव, भारत सरकार को 27 अगस्त, 1907 होम (पोल) भारत सरकार फा. 15/1907 सं. 24 टी.बी. डॉक्युमेंट्स, भाग–4, पृ. 1183
35. पूर्वी बंगाल सरकार के प्रमुख सचिव का गृहसचिव, भारत सरकार को, 13 अगस्त 1907, वही, संख्या–23, पृ. 1177
36. प्रमुख सचिव, पूर्वी बंगाल सरकार के गृह सचिव, भारत सरकार को 13 अगस्त 1907 को रिपोर्ट इसमें ई.सी. रेलेंड का नोट, संख्या–23, पृ. 1180
37. वही, पृ. 1182.
38. एच.एफ. होबार्ड, डी.एम. बरीसाल की आर. नाथन, सचिव पूर्वी

बंगाल सरकार को 13 दिसंबर 1908 को रिपोर्ट, सं. 14, रिपोर्ट ऑन डिपोर्टेशन में होम (पोल) सं.706/1909, सं. 14, वही, पृ. 1308

39. होम (पब्लिक) फा.175, जून 1906, 'क्राइम एंड पब्लिक डिसॉर्डर इन कोलोनियल बंगाल' अरुण कुमार (कलकत्ता : के. पी. बागची, 1995) की पुस्तक में विस्तार से लिखते हैं, पृ. 161-162
40. वही, पृ. 262
41. पी.सी. ल्यॉन, प्रमुख सचिव, पूर्वी बंगाल सरकार का 20 सितम्बर 1906 को वायसराय के सचिव को होम (पोल) भारत सरकार, फा. 15/1907 सं. 3, टी.बी. डॉक्युमेंट्स, पृ. 119
42. प्रमुख सचिव, पूर्वी बंगाल सरकार का गृह सचिव, भारत सरकार, 12 जनवरी 1907 को, वही, संख्या 10, पृ. 1136
43. प्रमुख सचिव, पूर्वी बंगाल सरकार, गृह सचिव, भारत सरकार की रिपोर्ट, वही, संख्या–10, पृ. 1140
44. खुदीराम बोस का स्वयं अपने हाथ से बंगाली में लिखा मूल वक्तव्य–सी.आई.डी. रिपोर्ट में। देखें, टी.बी. डॉक्युमेंट्स, भाग–4, पृ. 1384-1387
45. टी.बी. डॉक्युमेंट्स, भाग–3, पृ. 3
46. अरुण मुखर्जी, पूर्वोद्धृत, पृ. 175
47. 1909 का एम्पायर वर्सेज रमानी मोहनदास का केस 3–टी जे. ए. वुडहेड की अदालत में 19 मई 1909 का फैसला; सी.पी.सी. 124 के अंतर्गत केस राजद्रोहात्मक प्रकाशनों से संबंधित, टी.बी. डॉक्युमेंट्स, पृ. 341 जज ने बालगंगाधर तिलक के पुराने केस का हवाला देते हुए कहा कि जब न्यायाधीश स्ट्राशे ने कहा कि जनकल्याण के प्रति उदासीनता या निद्वेष का आरोपण सरकार के प्रति सी.पी.सी. की धारा 124 के अंतर्गत राजद्रोह के समतुल्य ही होता है।
48. वही, पृ. 341

49. 13 जुलाई 1908 को पी.एन. बसु रे चौधरी के खिलाफ केस में एच.एल. साल्केल्ड का फैसला, साथ ही 19 मई 1909 को जे.ए. वुडहेड का एम्पायर वर्सेज बरोदा सी. चक्रवर्ती संबंधी फैसला; सी.पी.सी की धारा 124 के अंतर्गत दोनों में राजद्रोह की व्यापक व्याख्या की गई थी जो आई.एल.आर. बम्बई XXII के फुलबेंच के निर्णयों के समीप थी, 152 टी.बी. डॉक्युमेंट्स, भाग–4, पृ. 241-244, 338-342

50. बाकरगंज (बंगाल) के सेशन जज जे.डी. कारगिल, 23 फरवरी 1909 केस सं.29/1909 के फैसले में, टी.बी. डॉक्युमेंट्स, भाग–4, पृ. 335-357

51. बाकरगंज (बंगाल) के सेशन जज जे.डी. कारगिल, 10 मार्च 1909 मुकुन्द लाल दास के खिलाफ केस सं. 46/1909, वही, पृ. 373

52. भारत में प्रेस एक्ट (धारा 1/1910) के अंतर्गत गैरकानूनी प्रकाशन 31 अगस्त 1911, प्रकाशन सं. 122-124, टी.बी. डॉक्युमेंट्स, भाग–4, पृ. 46

53. वही।

54. वही।

55. कला इतिहासकार डॉ. नीति सेन के अनुसार मूल कलाकृति रवीन्द्र भारती सोसाइटी के संग्रह में है (मौखिक वार्तालाप)।

56. **प्रवासी** 1313 बी. एस. (सन् 1906) में कलाकृति छपी थी, सुमित सरकार, पूर्वोद्धृत, पृ. 500

57. भगिनी निवेदिता का नोट **प्रवासी में छपा था,** वही, पृ. 500

58. सुमित सरकार, पूर्वोद्धृत, पृ. 307

59. वही, पृ. 248

60. 12 सितम्बर 1906 को जी.ए. ग्रियर्सन टाइम्स (लंदन) में प्रकाशित, देखें आर.के.दास गुप्ता का सूचनात्मक लेख–'वंदे मातरम् एंड द इंडियन नैशनल स्ट्रगल'–आर. के. दासगुप्ता (संपा.) **बंकिमचंद्र चटर्जी : वंदे मातरम्** (दिल्ली विश्वविद्यालय,

1967) 35 पृष्ठों की पुस्तिका में अरविन्द घोष, गांधी और नेहरू क लेखन के मूल्यवान अंश छपे हैं।

61. वी. चिरोल 'इंडियन अनरेस्ट' (लंदन : मैकमिलन, 1910), पृ. 102, आर.के. दासगुप्ता द्वारा उद्धृत, पूर्वोद्धृत, पृ. 23

62. आर.के. दासगुप्ता, पूर्वोद्धृत, पृ. 23

63. वही, पृ. 23

64. एच.एल. साल्केल्ड 'रिपोर्ट ऑन अनुशीलन समिति, ढाका', टी.बी. डॉक्युमेंट्स--2, पृ. 84

अध्याय चार : कविता

1. बंकिमचंद्र के नव्यतम जीवनीकार अमित्रसूदन भट्टाचार्य–**बंकिम चंद्र जीवनी** (कलकत्ता : आनंद पब्लिशर्स, 1991), पृ. 331-332 में बंकिम के छोटे भाई पूर्णचंद के संस्मरणों से यह वृत्तांत उद्धृत है। ये बंकिम की पत्रिका 'बंगदर्शन' के मैनेजर भी थे इसलिए यह लगभग निश्चित है कि जब यह घटना घटी तब वह वहाँ मौजूद थे।

2. रिपोर्ट ऑन द सेंसस ऑव बंगाल, 1872 (बंगाल सेक्रेटेरियट प्रेस, कलकत्ता, 1872) यह सुप्रसिद्ध है कि ब्रिटिश भारत के विभिन्न भागों में 1867 से 1872 के बीच जनगणना पहली बार व्यवस्थित रूप से की गई। 1881 से समकालिक दशवार्षिक जनगणना प्रारंभ हुई। पहली जनगणना में परवर्ती जनगणना की तुलना में बहुत कम चीजों पर ध्यान दिया गया। वह बहुत स्वल्प चीजों की गणना थी। देखें किंग्सले डेविस की पुस्तक : **द पॉपूलेशन ऑव इंडिया ऐंड पाकिस्तान** (प्रिंसटन : प्रिंसटन यूनिवर्सिटी प्रेस, 1951) धर्म कुमार एवं मेघनाथ देसाई (संपा.) **द कैंब्रिज इकोनोमिक हिस्ट्री ऑव इंडिया** (लंदन : कैंब्रिज यूनिवर्सिटी प्रेस, 1983) भाग–2, अध्याय 5 लीला और प्रवीण के द्वारा लिखित।

3. अमार दुर्गोत्सव (माई दुर्गा पूजा) निबंध 1281 बी. एस. यानी

1874 ई. में बंकिम द्वारा संपादित 'बंगदर्शन' में प्रकाशित हुआ था।

4. अरबिन्द घोष, 'ऋषि बंकिमचंद्र' 16 अप्रैल 1907 को 'वंदे मातरम्' पत्रिका में, पुनर्मुद्रित भवतोष चटर्जी, पूर्वोद्धृत, पृ. 7-15

5. जगदीश भट्टाचार्य, पूर्वोद्धृत, पृ. 4-5; साहित्यिक पत्रिका का संदर्भ 'बंगदर्शन' से है।

6. लेखक एवं पत्रिका-संपादन के तौर पर उन्होंने जहाँ *आनंद मठ* का क्रमशः प्रकाशन किया था। उसमें उन्होंने मूल कविता के अंतर को दिखाने के लिए उद्धरण चिह्न लगाए। (पहली बारह पंक्तियाँ) और बाद में 1881-82 में उपन्यास में लिखने के समय (तरे से सत्ताईस पंक्तियाँ) जोड़ी गईं। तीसरे संस्करण से प्रत्येक छंद के प्रारंभ और बाद में उद्धरण चिह्न लगाकर अंतर छिपा दिया गया।

7. 1994 में बंकिमचंद्र की मृत्यु की शतवार्षिकी के अवसर पर उनकी स्मृति में निकाली गई साहित्य अकादमी की पुस्तक में मूलपाठ और अरविन्द घोष का अनुवाद दोनों छपे हैं, भवतोष चटर्जी (संपा.) **बंकिमचंद्र चटर्जी : एसेज इन पर्सपेक्टिव** (नई दिल्ली : साहित्य अकादमी, 1994), पृ. 598-602

8. हरप्रसाद शास्त्री 'द प्रेशस ओर', उपर्युक्त, पृ. 26; हालाँकि यह उल्लेखनीय है कि बंकिम ने उपर्युक्त उद्धृत पंक्तियाँ बदल दी थीं—'किसने कहा, मैं, तुम कमजोर हो', 'आनंदमठ' के पाँचवें संस्करण में यह पंक्ति बदलकर इस प्रकार हो गई—तुम कैसे हो कमजोर—माँ, जब तुम में है इतनी शक्ति (अबला केनो माँ एतोबले)।

9. सुखमय मुखर्जी 'वंदे मातरम् द टेक्श्चर ऑव द साँग' वही, पृ. 238

10. वही, पृ. 239

11. सुकुमारी भट्टाचार्य, वही, पृ. 290

12. वसुधा डालमिया, **द नेशनलाइज़ेशन ऑव हिन्दू ट्रेडिशंस : भारतेन्दु हरिश्चंद्र एंड नाइंटिंथ सेंचुरी बनारस** (नई दिल्ली,

ऑक्सफोर्ड यूनिवर्सिटी प्रेस, 1997), पृ. 214

13. हरिश्चंद्र द्वारा लिखित यह अनुच्छेद 1883-84 के आसपास का है। वसुधा डालमिया के अनुसार, वही, पृ. 213-214
14. यह संदर्भ माइकेल मधुसूदन दत्त की कविता–'बंगभूमिर प्रति' (1862) से है।
15. जगदीश भट्टाचार्य, पूर्वोद्धृत, पृ. 28 यह अपेक्षाकृत कम प्रसिद्ध रचना किरणचंद्र चट्टोपाध्याय की 'भारत माता' से उद्धृत है।
16. इस संदर्भ के लिए मैं वसुधा डालमिया का कृतज्ञ हूँ, पूर्वोद्धृत, पृ. 287
17. रवीन्द्रनाथ टैगोर, **गीत वितान** (कलकत्ता, 1973), पृ. 819, 'तोमारी तारे मा संपिनु ए देहों सर्वप्रथम 1874 में 'भारती' में प्रकाशित तिथि 'गीत वितान : कालानुक्रमिक सूची' (कलकत्ता : टैगोर रिसर्च सोसाइटी, 1992) (संपा.) प्रभातकुमार मुखोपाध्याय द्वारा निर्णीत, एक कालक्रमानुसार सूची, पृ. 36.
18. सुखमय मुखर्जी, पूर्वोद्धृत, पृ. 240
19. बंकिमचंद्र चटर्जी, 'द्यावा-पृथ्वी', मनु को उद्धृत करते हुए–'माता पृथव्यामूर्त्ति' देखें जगदीश भट्टाचार्य, पूर्वोद्धृत, पृ. 111.
20. देखें ग्रियर्सन और शिरोल की व्याख्या 'नारा' अध्याय में।
21. पार्थ चटर्जी, **नेशनलिस्ट थॉट एंड द कोलोनियल वर्ल्ड : ए डेरिवेटिव डिस्कोर्स** (नई दिल्ली : ऑक्सफोर्ड यूनिवर्सिटी प्रेस, 1986), पृ. 147
22. इसी तरह 1873 में बंकिम ने 'बंगदर्शन' में सत्येन्द्रनाथ टैगोर की कविता 'मिले सब भारत संतान' की भूरि-भूरि प्रशंसा में लिखा 'आल यू चिल्ड्रन ऑव भारत यूनाइट टू सिंग वन सॉंग विद वन माइंड एंड वन हार्ट, अमित्र सूदन भट्टाचार्य, पृ. 201-202
23. 1901 की जनगणना में 303 मिलियन जनसंख्या बताई, इसलिए यह सुधार।
24. बंकिम चंद्र, 'बंगदेव पूजा' (डियटी वर्शिप इन बंगाल) 1281 बी.एस. या 1874 ई., बंकिम रचनावली में (कलकत्ता : साहित्य

संसद, 1956), भाग–2, पृ. 893-896

25. 1874 में बंकिम मूर्त्तिपूजा के आलोचक रहे थे किंतु 'कृष्णचरित' (1886) या 'धर्मतत्त्व' (1888) लिखने के समय तक उनके विचार बदल गये होंगे।

26. यह विचार प्रारंभिक बीसवीं शती के प्रसिद्ध समाजशास्त्रीय विनयकुमार सरकार–**विलेजेस एंड टाउंस ऐज सोशल पैटर्न्स** (कलकत्ता : कलकत्ता यूनिवर्सिटी, 1941), पृ. 357 (जगदीश भट्टाचार्य, पूर्वोद्धृत, पृ. 113-117) में उद्धृत तथा इस विचार का विरोध करते हैं

27. सुकुमारी भट्टाचार्य, पूर्वोद्धृत, पृ. 285 भवतोष चटर्जी बताते हैं कि बंकिम हिंदू राज्य की पुनः स्थापना के लिए कट्टर मतवादी थे। बंकिम की हिंदू कट्टरवादी वृत्ति उनके पुनरुत्थानवादी होने को दर्शाती है।

28. विमल कृष्ण मतिलाल, इमेजेज ऑव इंडिया भवतोष चटर्जी (सं.) की पुस्तक में पूर्वोद्धृत, पृ. 243

29. 1974 में मैं इस निष्कर्ष पर तब पहुँचा जब मैंने भारतीय प्रत्यक्षवादी विचारधारा के विकास के साक्ष्यों को एक साथ रखकर देखने का प्रयास किया; सव्यसाची भट्टाचार्य, 'पॉज़िटिविज़्म इन नाइंटिंथ सेंचुरी बंगाल' का आर.एस. शर्मा (सं.) इंडियन सोसायटी : ऐसेज इन मेमोरी ऑव डी.डी. कोशाम्बी (दिल्ली : पीपुल्स पब्लिशिंग हाउस, 1974), पृ. 337-355

30. बंकिमचंद्र चटर्जी, 'कन्फेशंस ऑव यंग बंगाल'–मुखर्जी मैगज़ीन, दिसम्बर 1972, पृ. 337-342 (अज्ञात लेकिन बंकिम के संपादक के नाम पत्र के आधार पर पहचान योग्य)

31. बंकिमचंद्र चटर्ज, लेटर्स ऑन हिंदुइज़्म (कलकत्ता : बंगीय साहित्य परिषद्, 1940) ये पत्र बंकिम के प्रत्यक्षवादी मित्र जोगेन्द्र चंद्र घोष के नाम; 1937 में देर से खोजे गये ये पत्र 1940 में प्रकाशित हुए।

32. ऑगस्ट कॉमटे, **कैटेकिज़्म ऑव पॉजिटिविज़्म ऑर समरी एक्सपोजीशन ऑव द यूनीवर्सल रिलीजन**, (लंदन : मार्टिनो, 1858), पृ. 384

33. बंकिमचंद्र चटर्जी, **लैटर्स ऑन हिन्दुइज़्म**, अध्याय–2, पृ. 12

34. जवाहरलाल नेहरू द्वारा अक्टूबर 1937 में ए.आईसी.सी. प्रस्ताव का मसौदा ए.आई.सी.सी पेपर्स एन.एम.एम.एल., देखें अध्याय 'राष्ट्रगान?'

35. देखें, सुदीप्तो कविराज, द अनहैप्पी कॉन्शसनेस (नई दिल्ली, ऑक्सफर्ड यूनिवर्सिटी प्रेस, 1995) कमलाकान्त के अफीम स्वप्न पर।

36. बंकिम चंद्र चटर्जी, अमार दुर्गोत्सव (माई दुर्गा पूजा), अनुवाद भवतोष चटर्जी (सं.) पूर्वोद्धृत, पृ. 67

37. यह विशेष रूप से सही है कि उपन्यास का अंतिम अध्याय जहाँ चिकित्सक अचानक सत्यानंद को यह बताने के लिए प्रस्तुत होता है कि मातृभूमि की सन्तानें क्यों विद्रोही होने पर असफल हुईं और कैसे माँ की ब्रिटिश शासकों से शासन छीनकर बेहतर सेवा की जा सकती है। भौतिक ज्ञान, बिना आध्यात्मिक साधना के व्यर्थ होता है। इसके विपरीत इसके सहायक धर्म, कर्म, ज्ञान और भक्ति में मौजूद हैं। यह बंकिम के दर्शन की चिरप्रचलित विषयवस्तु रही है।

38. संदर्भ–सी.सी. जुंग, आर्केटाइप्स ऑव द कलेक्टिव अनकॉन्शस' कलेक्टेड वर्क्स ऑव सी. सी. जुंग (सं. जी. ऐडलर) भाग–9 (प्रिंसटन : प्रिंसटन यूनिवर्सिटी प्रेस, 1969) आर्केटाइपल आलोचना की विचारधारा ने इस विचार को जन्म दिया है कि देश को मातृभूमि के रूप में पौराणिक आधारों पर दर्शाया जाए। ऐसी रचनाओं की आद्यशक्ति को इस रोशनी में समझा जा सकता है। कहना न होगा कि यह सत्तामूलक विमर्श आर्केटाइपल आलोचना पद्धति में स्वीकार्य है। कहना यह है कि बंकिम स्वयं प्रस्तुतीकरण की आदिम स्थितियों तथा **दशावतार** (जयदेव) एवं

शक्ति के विभिन्न रूपों के लिए लिखे गये पौराणिक स्रोतों के साथ 'आनंदमठ' के वंदे मातरम् के तत्त्वों में गठजोड़ बैठाते हैं।

39. रवीन्द्रनाथ टैगोर 'मेघनाथवध काव्य' **समालोचना** (कलकत्ता, 1880) **रवीन्द्र रचनावली** में पुनः मुद्रित (शांति निकेतन : विश्वभारती, 1986), भाग–15, पृ. 69
40. ए.के. रामानुजन, **'रिंग ऑव मेमोरी' कलेक्टेड एसेज ऑव ए.के. रामानुजन** (नई दिल्ली : 'ऑक्सफोर्ड यूनिवर्सिटी प्रेस, 1999), पृ. 90

व्यक्तियों पर टिप्पणियाँ

अहमद, मुजफ्फर (1889-1973) : राष्ट्रीय राजनैतिक कार्यकर्त्ता, 1920 के प्रारंभ में मार्क्सवाद की ओर झुकाव। भारतीय कम्युनिस्ट पार्टी के संस्थापक सदस्यों में से एक। 1924 के कानपुर बोल्शेविक कांसिपिरेसी केस में चार साल की कैद की सजा। उसके बाद मेरठ कांसिपिरेसी केस (1929-33) में गिरफ्तार होने तक उन्होंने 'गणवाणी' का संपादन किया। मजदूर–किसान सभा में सक्रिय। कृषक सभा (1936) के संपादक थे। स्वतंत्रता के बाद अनेक बार गिरफ्तार हुए। अंतिम दिनों में आत्मकथा सहित अनेक पुस्तकें लिखीं।

अशरफ, कुँवर मोहम्मद (1903-1962) : इतिहासकार, अलीगढ़ मुस्लिम विश्वविद्यालय, जामिया मिल्लिया इस्लामिया (दिल्ली) और लंदन स्कूल ऑव ओरिएंटल एंड अफ्रीकन स्टडीज से शिक्षा प्राप्त की। लाइफ एंड कन्डीशन ऑव द पीपुल ऑव हिंदुस्तान–पी-एच.डी. थीसिस तथा स्वतंत्रता आंदोलन और सांप्रदायिक प्रश्नों पर अनेक पुस्तकें लिखीं। अखिल भारतीय कांग्रेस कमेटी के सदस्य और मौलाना आज़ाद तथा जवाहरलाल नेहरू के 1934 से 1945 के बीच सहायक रहे। 1936 से इन्होंने कांग्रेस के मुस्लिम मास कांटेक्ट प्रोग्राम की अध्यक्षता की। भारतीय कम्युनिस्ट पार्टी, बम्बई (1943-46) के सक्रिय कार्यकर्त्ता। इन्होंने स्वतंत्रता के बाद दिल्ली विश्वविद्यालय तथा बर्लिन में अध्यापन किया।

हेमचंद्र बनर्जी (1838-1903) : प्रेसीडेंसी कॉलेज, कलकत्ता (1859) से स्नातक होने के बाद 1861 में वकालत प्रारंभ की। अपने देशप्रेम से संबंधित लेखन जैसे 'भारत संगीत', 'भारत विलाप' आदि

से ये पुलिस की नज़रों में आए। अंधे और दरिद्र होकर 1903 में मृत्यु।

भारतचंद्र 'रे' (1712-1780) : 18वीं शताब्दी की मंगलकाव्य विधा के लेखक। कृष्णनगर के राजा कृष्णचंद्र के दरबारी कवि थे जिसने कवि को 'रे' उपाधि प्रदान की। भारतचंद्र बँगला और संस्कृत भाषा तथा छंद वैविध्य पर अपने अधिकार के लिए प्रसिद्ध थे।

भारती, सुब्रह्मण्यम (1882-1921) : तमिल के प्रारंभिक बड़े विद्वान, इसलिए इन्हें 'भारती' की उपाधि दी गई। 'स्वदेश मित्र' पत्रिका में काम किया और देशप्रेम की कविताएँ लिखीं। गिरफ्तारी से बचने के लिए 1908 में मद्रास छोड़ पांडिचेरी आ गए। 1918 में मद्रास लौटे और गिरफ्तार कर लिया गया। छूटने पर पुनः उसी पत्रिका में आ गए जिसमें पहले काम किया था। देशप्रेम संबंधी उनकी रचनाओं में हैं : 'स्वदेश गीतांगल' (1908) और 'जन्मभूमि' (1909)। आधुनिक तमिल सृजनात्मक लेखन के जनक के रूप में विख्यात।

भट्टाचार्य, पद्योत (1913-1933) : राष्ट्रीय विद्रोही समूह के सदस्य; मेदिनीपुर, बंगाल में 1933 में जिला मैजिस्ट्रेट पर हमले के कारण गिरफ्तार कर फाँसी पर लटकाया गया।

खुदीराम बोस : क्रांतिकारी जिन्होंने राष्ट्रवादी संगठन जुगांतर ग्रुप में 1902 में प्रवेश कर लिया। 1906 में एक पुलिसवाले को पीटने के जुर्म में बस गिरफ्तार हुए। उन्हें 1908 में राष्ट्रवादी कैदियों से बुरा व्यवहार करने वाले कुख्यात मजिस्ट्रेट किंग्सफर्ड की हत्या का काम सौंपा गया। उन्होंने यूरोपियन क्लब, मुजफ्फरपुर में यह समझकर कार पर बम फेंका कि वह कार किंग्सफर्ड की होगी। अन्य दो यूरोपियन मारे गये। किंग्सफर्ड मृत्यु से बाल-बाल बचे। बोस को फाँसी हुई।

बोस, सुभाष चंद्र (1897-1945) : भारतीय स्वतंत्रता आंदोलन के प्रकाशस्तंभ। प्रारंभिक शिक्षा कटक से। बाद में कलकत्ता और कैम्ब्रिज से। 1921 में भारतीय राष्ट्रीय कांग्रेस में शामिल होने के लिए इंग्लैंड से लौटे। 1921 तक ग्यारह बार जेल गये। वे कांग्रेस के

नरमदलियों से संघर्ष तथा अपनी उग्र विचारधारा के लिए प्रसिद्ध थे। 1938 में कांग्रेस के अध्यक्ष। 1939 में पुनः निर्वाचित किंतु नरमदलियों के विरोध के कारण इस्तीफा देने के लिए मजबूर हुए। 1941 में जर्मनी जाने तथा बाद में जापान जाने के लिए जेल से भागे। उन्होंने दक्षिण पूर्व एशिया में इंडियन नेशनल आर्मी का गठन किया और बर्मा की ओर बढ़े। कहा जाता है कि अगस्त 1945 में हवाई दुर्घटना में मारे गये।

कामा, भीकाजी रुस्तमजी (1861-1936) : जन्म से पारसी। उच्च शिक्षा प्राप्त। मैडम कामा 1885 में यूरोप चली गईं। लंदन में वे दादाजी भाई नौरोजी के संपर्क में आईं। बाद में हरदयाल और वी.डी. सावरकर से मिलीं। 1909 में पेरिस आईं और देशभक्ति तथा क्रांतिकारी साहित्य के प्रकाशन में सहायता दी। इसमें 'वंदे मातरम्' पत्रिका भी शामिल है। 1935 में भारत लौटीं।

चटर्जी, बंकिमचंद्र (1838-1894) : लेखक और उपन्यासकार। 1856 में प्रेसीडेंसी कॉलेज कलकत्ता में प्रवेश लिया। नये खुले कलकत्ता विश्वविद्यालय से 1858 में भारतीय कलकत्ता से प्रथम दो स्नातकों में से एक। वे डिप्टी मजिस्ट्रेट नियुक्त हुए और 1891 में कालपूर्व सेवानिवृत्त तक बिना प्रोन्नति के रहे। 1865 में *दुर्गेशनंदिनी* बँगला में पहला उपन्यास लिखा। पहला आधुनिक साहित्यिक पत्र 'बंगदर्शन' स्थापित और संपादित किया। 1870 के मध्य 'वंदे मातरम्' गीत लिखा। 1882 में 'आनंदमठ' उपन्यास प्रकाशित किया। 14 उपन्यासों के अतिरिक्त अनेक निबंध तथा सामाजिक-राजनीतिक विषयों के साथ ही धार्मिक-दार्शनिक विषयों पर लेख लिखे।

चौधुरानी, सरला देवी (1872-1945) : रवीन्द्रनाथ टैगोर की भतीजी और शुरू की महिला स्नातकों में से एक (1892)। वह अपनी संगीत-प्रतिभा के लिए जानी जाती थीं। 1905 से 1923 तक महारानी स्कूल, मैसूर में अध्यापन। विवाह रामानुज दत्त चौधरी से, जो लाहौर में एक उर्दू पत्रिका के संपादक थे। कांग्रेस में सक्रिय, साथ ही आंदोलनकारी राष्ट्रवादियों से घनिष्ठ संबंध, विशेष रूप से स्त्री शिक्षा के प्रति उन्होंने खुद को समर्पित कर दिया।

दत्त, अश्विनी कुमार (1856-1923) : पूर्वी बंगाल के प्रभावशाली नेता और अनेक राष्ट्रवादी विषयों के लेखक। व्यवसाय से वकील थे। 1888 में भारतीय राष्ट्रीय कांग्रेस में शामिल हुए और कई राष्ट्रवादी शैक्षिक संस्थाओं की स्थापना की। 1908 और 1910 में जेल गये। बाद में वे असहयोग आंदोलन में शामिल हुए।

दत्त, माइकेल मधुसूदन (1824-1873) : हिंदू कॉलेज कलकत्ता में शिक्षा ग्रहण की, 1843 में ईसाई हो गये। कलकत्ता लौटने से पहले 1848 से 1856 तक मद्रास में स्कूल में अध्यापन किया। इंग्लैंड में कानून की पढ़ाई की (1862-67) और वकालत की। बहुत गरीबी में मृत्यु हुई। उन्होंने 'मेघनाद वध' लिखकर 'महाकाव्य की विधा' को पुनर्जीवित किया, बंगाली में सॉनेट शैली का आरंभ किया और कुछ आरंभिक बंगाली नाटक लिखे।

गांधी, मोहनदास कर्मचंद (1869-1948) : 1891 में इंग्लैंड में बैरिस्टर की उपाधि प्राप्त कर, 1893 से 1914 तक दक्षिण अफ्रीका में नस्ल विरोधी आंदोलन का नेतृत्व किया और अहिंसक सविनय अवज्ञा को एक दर्शन और राजनैतिक पद्धति के रूप में ईजाद किया। किसानों और मजदूरों के विरोध आंदोलनों का 1917-19 में नेतृत्व किया और 1920 से असहयोग आंदोलन के आरंभ के साथ कांग्रेस के शीर्षस्थ नेता बन गये। सविनय अवज्ञा आंदोलन का नेतृत्व किया (1930)। 1942 में अंग्रेजों को 'भारत छोड़ो' की चेतावनी दी। हिंदू-मुस्लिम सांप्रदायिक सद्भाव के जीवनभर पक्षधर रहे। 30 जनवरी 1948 को उस सद्भाव के एक हिंदू शत्रु के द्वारा उनकी हत्या कर दी गयी। इस बात की ओर संकेत किये बिना उनके जीवन का संक्षिप्त परिचय अधूरा रहेगा कि गांधीवादी विचारधारा उनके जीवन के बाद भी जीवित है।

अरविंद घोष (1872-1950) : 1892 में कैम्ब्रिज से प्राचीन भाषाओं में ट्रिपोज लेने के बाद वे बड़ौदा कॉलेज में पढ़ाने के लिए भारत वापस आये। 'इंदु प्रकाश' में 1893 में प्रकाशित अपने आरंभिक लेख के द्वारा उन्होंने कांग्रेस की नरम नीति से असहमति प्रकट की।

1902 में उन्होंने ब्रिटिश राज्य के हिंसक साधनों से लड़ने के लिए एक गुप्त संस्था बनाने के लिए एक गुप्तचर बंगाल भेजा। 1905 बंगाल में स्वदेशी आंदोलन में सम्मिलित हुए और 'वंदे मातरम्' नामक पत्र का संपादन आरंभ किया। विद्रोही लेखन और एक बम कांड से उनके संबंध को लेकर 1908 में उन पर मुकदमा चला, हालाँकि वे छोड़ दिये गये। उसके बाद से उन्होंने 'कर्मयोगी' पत्र का संपादन किया, जब तक कि उन्होंने ब्रिटिश भारत के निर्वासित होकर पांडिचेरी में राजनीति से हटकर आध्यात्मिक जीवन की ओर मुड़ने का निश्चय किया।

गोखले, गोपाल कृष्ण (1866-1915) : पुणे के फर्ग्यूसन कॉलेज में इतिहास और अर्थशास्त्र के प्रोफेसर गोखले भारतीय राष्ट्रीय कांग्रेस से शुरू से ही जुड़े रहे, और 1905 में इसके अध्यक्ष बने। 1902 में बंबई संविधान समिति के और 1910 में केंद्रीय संविधान समिति के चुने हुए सदस्य। 1905 में 'सर्वेंट्स ऑफ इंडिया' समाज की स्थापना की। कांग्रेस के सदस्यों के बीच शीर्ष संविधानवादी के रूप में व्यापक सम्मान मिला, कांग्रेस में चरमवाद उभरने के बावजूद उनकी व्यक्तिगत स्थिति में कोई अंतर नहीं आया।

गोलवलकर, मदन सदाशिव—कई वर्षों तक राष्ट्रीय स्वयंसेवक संघ (आर.एस.एस.) के सरसंघचालक, अपने शिष्यों और हमदर्दों के बीच 'गुरुजी' के नाम से विख्यात। 'वी : अवर नेशनहुड डिफाइंड' (1947) के लेखक। 1962 में उन्होंने एक पुस्तक लिखी 'हिंदू राष्ट्र क्यों', यह शीर्षक उनके राजनैतिक कार्यक्रम को स्पष्ट करता है।

गुप्ता, ईश्वर चंद्र (1812-1859) : 1821 से ही अनेक पत्रों का संपादन, उन्होंने अठाहरवीं और उन्नीसवीं शताब्दी के आरंभ के बंगाली कवियों की रचनाएँ संपादित और पुनर्मुद्रित कीं। शैली की दृष्टि से मधुसूदन दत्त या हेमेन्द्र बनर्जी की पीढ़ी के आधुनिक कवियों से भिन्न, उन्हें पारंपरिकता और आधुनिकता के बीच सेतु माना जाता है।

हक, अबुल करीम फ़जलुल (1873-1962) : व्यवसाय से

वकील, वे मुस्लिम लीग में शामिल हुए और 1913 में बंगाल में इसकी प्रांतीय शाखा के सचिव बने, साथ ही अखिल भारतीय मुस्लिम लीग के सहसचिव भी। 1920 तक, वे लीग और भारतीय राष्ट्रीय कांग्रेस दोनों से जुड़े रहे। ढाका में कृषक प्रजा सम्मेलन (1926) आयोजित किया, और कृषक प्रजा दल (1927) की स्थापना की। 1937 में आम चुनाव के बाद, वे बंगाल के मुख्यमंत्री बने (उस समय प्रधानमंत्री कहलाते थे)। मुस्लिम लीग के लाहौर अधिवेशन (1940) में सर्वप्रथम पाकिस्तान का प्रस्ताव रखा। 1943 में बंगाल के राज्यपाल ने मुख्यमंत्री पद से त्यागपत्र देने को विवश किया। विभाजन के बाद, उन्हें विरासत में पूर्वी पाकिस्तान का मुख्यमंत्री, पाकिस्तान का गृहमंत्री और पूर्वी पाकिस्तान का राज्यपाल बनाया गया।

हरिश्चंद्र भारतेंदु (1850-1885) : अपनी काव्य रचनाओं के लिए प्रसिद्ध, मुख्यतः हिंदी में, यद्यपि वे संस्कृत और उर्दू के भी उतने ही जानकार थे, उन्नीसवीं शताब्दी के अंतिम दौर में उन्होंने हिंदी भाषा और साहित्य के विकास को गहराई से प्रभावित कियां। 'हरिश्चंद्र मैगज़ीन' और 'कवि वचन सुधा' नामक साहित्यिक पत्रों का संपादन किया जो लीक से हटकर थीं। एक साहित्यिक मंडल के नेता जिसमें आधुनिक हिंदी साहित्य परंपरा के कुछ संस्थापक भी शामिल थे।

इकबाल, मोहम्मद (1876-1938) : प्रसिद्ध काव्य-रचनाओं और गद्य में एक लघु प्रबंध के लेखक, 'सिक्स लेक्चर्स ऑन दि रीकंस्ट्रक्शन ऑफ रिलीजियस थॉट', इकबाल को उनकी काव्य प्रतिभा के लिए सम्मानित किया गया। पाकिस्तान की दृष्टि को बौद्धिक आधार देते समय भी उनका बहुत प्रभाव था। बेशक, 'पाकिस्तान' नाम उनका दिया हुआ नहीं था, परंतु इस विचार को देने का श्रेय उन्हें दिया जाता है, चूँकि 1930 में उन्होंने मुस्लिम जनसंख्या बहुल उत्तरी सूबों का संगठन बनाने की बात लिखी थी।

जाफ़री, अली सरदार : कवि, जन्म 1913 में, वे युवापीढ़ी का नेतृत्व करनेवाली मशाल थे, जो प्रगतिशील लेखक आंदोलन में

शामिल हुई। 'दीवान-ए-गालिब' और 'दीवान-ए-मीर' का संपादन।

जयदेव (बारहवीं शताब्दी) : राजा लक्ष्मण सेन के दरबारी कवियों में से एक। अपनी 'गीत गोविन्द' नामक रचना के लिए प्रसिद्ध, बंगाल, उड़ीसा और अन्य स्थानों पर वैष्णव गायकों ने इसे जीवन्त बनाए रखा है।

जयकर, एम. आर (1873-1959) : व्यवसाय से वकील, उदारवादी कांग्रेसियों के बीच एक उदारवादी। वे 1923 में स्वराज पार्टी में शामिल हुए। केंद्रीय संविधान सभा (1927-30) में राष्ट्रवादी दल के उपनेता, गोलमेज़ सम्मेलन और वैधानिक सुधार संबंधी संयुक्त संसदीय समिति (1930–34) में, 1930-42 में प्रिवी कौंसिल में प्रतिनिधि रहे।

जिन्ना, मोहम्मद अली (1876-1948) : इंग्लैंड में 'लिंकन्स इन' से कानून की शिक्षा प्राप्त की, और 1896 से वकालत शुरू की। 1910 में बंबई के मुस्लिम चुनाव क्षेत्र केंद्रीय संविधान समिति के सदस्य चुने गये। 1913 में मुस्लिम लीग के सदस्य बने और 1916 में इसके अध्यक्ष बने। 1920 में दोबारा अध्यक्ष चुने गये और 1934 और 1914 में भी फिर से अध्यक्ष बने। 1920 तक उन्होंने भारतीय राष्ट्रीय कांग्रेस से शर्तों पर सहयोग किया। 1930 में मुस्लिम लीग का पुनर्गठन किया, और फ़जलुल हक़ के साथ पाकिस्तान का प्रस्ताव पेश किया। 1947 में भारत-विभाजन के संबंध में राजनैतिक कुशलता से बातचीत की। 1947-48 में पाकिस्तान के गवर्नर जनरल और पाकिस्तान की संविधान सभा के अध्यक्ष, उन्हें 'कायदे आज़म' का सम्मान दिया गया।

करीम रेज़उल (1902-1993) : 'बंकिम चंद्र ओ मुसलमान समाज' तथा बंगाली इतिहास संबंधी रचनाओं के लेखक विभाजन से पूर्व बंगाल के कई कॉलेजों में अध्यापन और बाद में पश्चिम बंगाल में। कलकत्ता विश्वविद्यालय और पश्चिमी बंगाल की सरकार द्वारा डी. लिट् तथा अन्य मानक उपधियाँ प्रदान की गयीं।

खान, लियाकत अली (1895-1951) : 1947 में पाकिस्तान के

निर्वाचित प्रधानमंत्री लियाकत अली 1918 में अलीगढ़ मुस्लिम विश्वविद्यालय से स्नातक होने के बाद इंग्लैंड चले गये। 1921 में वकील समुदाय द्वारा बुला लिये गये। 1923 में यू.पी. विधान परिषद् में नामित किये गये तो 1936 में केन्द्रीय संविधान सभा में। 1940 में मुस्लिम लीग पार्टी के विधान सभा में नेता बने। ये 1946 में अंतरिम सरकार में वित्त मंत्री थे। 1951 में इनकी हत्या कर दी गई।

खान, सिकंदर हयात : 1937-42 में पंजाब के मुख्यमंत्री। पंजाब की यूनियनिस्ट पार्टी के नेता। ये भारत विभाजन के पक्ष में नहीं थे। चूँकि ये संघीय संविधान में विश्वास करते थे इसलिए केन्द्रीय संघीय सरकार और अंतरिम सरकारों के बीच सत्ता का संतुलन इन्हें अधिक उचित लगता था।

किदवई, रफी अहमद : 1895 में जन्म। 1919 में अलीगढ़ से स्नातक। यू.पी. के प्रांतीय स्तर तथा केंद्रीय स्तर पर भारतीय राष्ट्रीय कांग्रेस के प्रमुख व्यक्तित्व। जामिया मिलिया इस्लामिया को संगठित करने में मुख्य भूमिका निभाई। आजादी के दौरान वे राष्ट्रवादी मुसलमान नेता। ये 1947 से मृत्यु तक जवाहरलाल नेहरू मंत्रिमंडल के सदस्य रहे।

लिनलिथगो, लॉर्ड : 1936 से 1943 तक भारत के गवर्नर जनरल और वायसराय। इनके प्रशासन के दौरान 1935 के अधिनियम के तहत प्रान्तीय सरकारों के चुनाव हुए, द्वितीय विश्वयुद्ध भड़का, 1942 में भारत छोड़ो आंदोलन न चला और 1943 में बंगाल में अकाल पड़ा, लॉर्ड वावेल इनके बाद वायसराय बने।

मैक्डोनल्ड, जे. रामसे (1866-1937) : 1900 में ब्रिटिश लेबर पार्टी की स्थापना से इसके सदस्य मैक्डोनल्ड 1906 में संसद सदस्य बने और इसके बाद लेबर पार्टी की ओर से 1911 में लोकसभा के नेता बने। प्रथम विश्वयुद्ध में इंग्लैंड की भूमिका के विरोध करने के कारण उन्हें राजनीतिक निर्वासन झेलना पड़ा। 1922 में संसद में विपक्ष के नेता पुनः निर्वाचित हुए। 1924 में लेबर पार्टी सरकार में इंग्लैंड के प्रधानमंत्री बने। 1929 के चुनाव में दोबारा प्रधानमंत्री बनाए

गए। इनके पश्चात 1935 में वाल्डविन प्रधानमंत्री हुए।

मधोक, बलराज : 1920 में जन्म। वे भारतीय जनसंघ के संस्थापक सदस्य थे। दिल्ली जनसंघ के अध्यक्ष (1954–63) तथा अखिल भारतीय जनसंघ के अध्यक्ष (1966–68) रहे। इनकी अनेक पुस्तकों में से 'हिंदू राष्ट्र' और 'डॉ. एस.पी. मुखर्जी : ए बायोग्राफी' प्रमुख हैं।

मुखर्जी, श्यामा प्रसाद (1901-1953) : व्यवसाय से बैरिस्टर उन्होंने स्वयं को राजनीतिक गतिविधियों के लिए समर्पित कर दिया। अपने पिता सर आशुतोष के पदचिह्नों पर चलते हुए ये 1934 में कलकत्ता विश्वविद्यालय के कुलपति बने। हिन्दू महासभा के प्रत्याशी के रूप में वित्तमंत्री बनाए गए। 1951 में भारतीय जनसंघ के संस्थापक। ये आजादी के बाद महत्त्वपूर्ण एवं विवादित संसद सदस्य एवं नेता रहे, जब तक कि 1953 में कश्मीर में गिरफ्तार नहीं हुए। यहीं अचानक उनकी मृत्यु हो गयी।

मुकुन्द (1878-1934) : लोककवि जिसने अपने समय के अनेक शहरी कवियों को प्रेरित किया। नाव चलाने वाले के पुत्र। इन्होंने औपचारिक शिक्षा प्राप्त नहीं की थी किंतु गीत रचने की प्रतिभा थी। अश्विनी कुमार दत्त जैसे राष्ट्रवादी नेता से प्रभावित होकर ये कट्टर देशभक्त बन गए और अपने भावों को जात्रा (लोकनाट्य) में पिरोया तथा गीत रचे। 1905-1908 में स्वदेशी आंदोलन में सक्रिय भागीदारी के परिणामस्वरूप 1909 में उन्हें जेल में डाल दिया गया।

नेहरू, जवाहरलाल (1889-1964) : भारत के प्रथम प्रधानमंत्री (1947-1964)। 1912 में भारतीय राष्ट्रीय कांग्रेस में प्रवेश। 1928 में इसके महासचिव बने तथा 1929 में अध्यक्ष। 1936 और 1946 में पुनः अध्यक्ष चुने गये। इनकी अनेक पुस्तकों में से : 'एन ऑटोबायोग्राफी' तथा 'द डिस्कवरी ऑव इंडिया' धर्मनिरपेक्ष राष्ट्रवाद के प्रस्ताव के रूप में प्रसिद्ध। विचारधारा की दृष्टि से ये गांधीवादी नहीं थे–गांधी के अनुयायी थे तथा गांधी ने उन्हें कांग्रेस की नौजवान पीढ़ी के सर्वोत्तम नेता के रूप में चुना।

निवेदिता, सिस्टर, या मार्गरेट ई. नोबल (1867-1911) : अपने युवा काल में उग्रपंथियों जैसे क्रोपोटकिन से आकर्षित, जब ये स्कॉटलैंड एवं इंग्लैंड में थीं। 1892 में उन्होंने 'रस्किन स्कूल' की स्थापना की। 1895 में ये स्वामी विवेकानंद से मिलीं तथा 1898 में उनकी मिशनरी गतिविधियों में शामिल हो गयीं। स्त्रियों की शिक्षा (1898-1902) के लिए कलकत्ता में काम किया। विवेकानंद ने इन्हें 'निवेदिता' उपाधि दी। राष्ट्रवादी क्रांतिकारियों से संबंध विकसित हो गए फिर 1902-1905 के दौरान भारतीय कलाकारों जैसे अवनीन्द्रनाथ टैगोर के संपर्क में आईं। 1905 में रामकृष्ण मिशन छोड़कर राजनीति की ओर चली गईं।

पाल, विपिन चंद्र (1858-1932) : राष्ट्रवादी नेता जो 1877 में ब्राह्म संप्रदाय में दीक्षित हो गए। पिता ने उन्हें उत्तराधिकारहीन कर दिया। 1887 में भारतीय राष्ट्रीय कांग्रेस में शामिल हो गए। 1901 से अनेक राष्ट्रवादी पत्रिकाएँ संपादित कीं–जैसे 'वंदे मातरम्'। कांग्रेस में अतिवादी वर्ग गरमपंथियों के साथ जुड़ गए, जैसे बाल गंगाधर तिलक या लाला लाजपत राय। 1921 में राजनीति से संन्यास ले लिया।

पंत, गोविन्द बल्लभ (1887-1961) : पेशे से वकील, 1920 में असहयोग आंदोलन में शामिल हो जाने के कारण वकालत छोड़ दी। उत्तर प्रदेश में कांग्रेस के केन्द्र। 1927 में पुलिस द्वारा गंभीर रूप से घायल 1946 में उत्तर प्रदेश में कांग्रेस के मुख्यमंत्री निर्वाचित। 1954 में नेहरू के मंत्रिमंडल में शामिल।

पटेल, वल्लभ भाई (1875-1950) : वकालत की शिक्षा ग्रहण की। पटेल बमटोली सत्याग्रह (1921-22) में नेता के रूप में उभरे। 1931 में भारतीय राष्ट्रीय कांग्रेस के अध्यक्ष निर्वाचित। भारत छोड़ो आंदोलन की गतिविधियों में 1942-45 में जेल गए। सांगठनिक गतिविधियों में कुशल। पहले गुजरात में, बाद में कांग्रेस हाईकमान में। इसलिए इन्हें 'सरदार' कहा गया। 1946 की अंतरिम सरकार में गृह सदस्य। आजादी के बाद गृहमंत्री बने और मृत्यु तक रहे। नए

गणराज्य में इनका महत्त्वपूर्ण योगदान था : राज्यों-रजवाड़ों का एकीकरण।

प्रसाद, राजेन्द्र : बिहार में जन्म, कलकत्ता विश्वविद्यालय से शिक्षा और पटना हाई कोर्ट के सफल वकील। 1917 में गांधी से मिले और 1920 में असहयोग आंदोलन में भाग लिया। 1922 में भारतीय राष्ट्रीय कांग्रेस के महासचिव, 1934, 1939, 1947 में इसके अध्यक्ष बने। 1946 से भारत की संविधान सभा की भारत गणराज्य का संविधान बनने तक अध्यक्षता की। 1950 में भारतीय गणराज्य के प्रथम राष्ट्रपति बने।

सरकार, विनय कुमार (1887-1949) : भारतीय अर्थव्यवस्था, समाजशास्त्र जैसी अनेक पुस्तकों के लेखक सरकार 1905 में प्रेसीडेंसी कॉलेज से स्नातक। स्वदेशी आंदोलन से प्रभावित हो सरकारी नौकरी छोड़ी। 1914 से 1925 के बीच यूरोप के अनेक विश्वविद्यालयों में गये, वहाँ अध्यापन किया। कलकत्ता विश्वविद्यालय में 1926-1949 तक अर्थशास्त्र के प्रोफेसर रहे।

शास्त्री, हर प्रसाद (1853-1931 : संस्कृतज्ञ एवं भारत विद्याविद् अनेक प्राचीन पांडुलिपियों के खोजकर्त्ता के रूप में विख्यात। इनके प्राचीन भारतीय संस्कृति पर ऐतिहासिक निबंध प्रसिद्ध हैं।

सावरकर, विनायक दामोदर (1883-1966) : हिंदुत्ववादी राष्ट्रवाद के संस्थापकों में से एक माने जाते हैं। सावरकर 1910 में जब इंग्लैंड में कानून पढ़ा रहे थे, भारत में राजनैतिक हत्या को उकसाने के आरोप में गिरफ्तार कर लिये गये। भारत में इन पर एक विशेष न्यायाधिकरण में मुकदमा चला और उन्हें अंडमान जेल भेज दिया गया। भारतीय राष्ट्रीय कांग्रेस की गतिविधियों से मतभेद रखने के कारण इन्होंने 1940 में यदि शक्ति की आवश्यकता पड़े तो उसके द्वारा आजादी को छीनने के लिए 'अभिनव' नाम की संस्था बनाई। ये 'द वार ऑव इंडिपेंडेंस' तथा 'माई संसपोर्टेशन फॉर लाइफ' के लेखक हैं।

टैगोर अवनींद्रनाथ (1871-1951) : 'बंगाल स्कूल' के संस्थापक माने गए। ये 1907 में बनी ओरियेंटल आर्ट सोसाइटी के संस्थापकों में से एक रहे हैं। टैगोर परिवार से संस्कार ग्रहण कर इनकी रुचि चित्रकला में बढ़ी तथा पश्चिमी कलात्मक शैली की शिक्षा ली। इनकी विशिष्टता थी भारतीय 'पारंपरिक शैली' को पुनर्जीवित करना। 1898 से इन्होंने आर्ट कॉलेज कलकत्ता में अध्यापन किया तथा 1921 में कलकत्ता विश्वविद्यालय में ललित कला के प्रोफेसर बने। 1942 में विश्वभारती में आचार्य नियुक्त हुए। अपने रेखांकनों एवं चित्रकला के अलावा बंगाली गद्य के शैलीकार के रूप में भी जाने जाते हैं।

टैगोर रवीन्द्रनाथ (1861-1941) : कवि, लेखक और दार्शनिक 1913 में साहित्य के लिए नोबल पुरस्कार प्राप्त करने के लिए विख्यात हैं, हालाँकि यह इनकी न्यूनतम उपलब्धि थी। पुरस्कार प्राप्त करने के बाद भी ये तीन दशकों तक लेखनरत रहे तथा बंगाल की भाषा और संवेदना की पुनर्रचना की।

तिलक, बाल गंगाधर (1857-1920) : 1907 से कांग्रेस में गरम दल के नेता। उन्होंने 1916 में होमरूल लीग की स्थापना की। इसमें कांग्रेस की अपेक्षा से कहीं ज्यादा स्वायत्तता को लक्ष्य में रखा गया था। इन्होंने मराठा और केसरी का भी संपादन किया। अंततः 1920 में कांग्रेस ने इनके संपूर्ण स्वराज्य को मान्यता दी।

वावेल, लॉर्ड, सर आर्चीविल्ड (1883-1950) : भारतीय सेना के कमांडर इन चीफ (1941-43) वायसराय तथा भारत के गवर्नर जनरल (1943-47)। इनके प्रशासन के दौरान कैबिनेट मिशन आया और असफल हुआ। 1946 का नौसैनिक विद्रोह, अगस्त 1946 में भयानक हिंदु-मुस्लिम दंगे हुए। उनके बाद लॉर्ड माउंटबेटन वायसराय बने।